LANDHAUS-STIL

LANDHAUS-STIL

Dekoration
Kulinarische Köstlichkeiten
Geschenke
zum Selbermachen

LIZ TRIGG · TESSA EVELEGH
STEWART & SALLY WALTON

FOTOGRAFIEN VON
MICHELLE GARRETT UND
JAMES DUNCAN

DUMONT

Die Deutsche Bibliothek – CIP-Einheitsaufnahme

Landhausstil : Dekoration, kulinarische Köstlichkeiten, Geschenke zum Selbermachen/ Liz Trigg ... Fotogr. von Michelle Garrett und James Duncan. [Hrsg.: Joanna Lorenz. Aus dem Engl. von Birgit Lamerz-Beckschäfer und Barbara Klingmann]. – Köln : DuMont, 1996
Einheitssacht.: Glorious Country <dt.>
ISBN 3-7701-3835-X
NE: Trigg, Liz; Garrett, Michelle; Lorenz, Joanna [Hrsg.]; Landhausstil; EST

Titel der englischen Originalausgabe: *Glorious Country*

Herausgeberin: Joanna Lorenz
Redaktion der englischen Ausgabe: Lindsay Porter
Gestaltung: Janet James
Fotografie der Inneneinrichtung: James Duncan
Styling der Inneneinrichtung: Tessa Evelegh
Fotografie und Styling der Blumengestecke und Rezepte: Michelle Garrett
Fotografien auf Seite 6–9, 14, 15, 36, 37, 56, 57: Steve Tanner
Illustrationen: Nadine Wickenden

Aus dem Englischen von Birgit Lamerz-Beckschäfer
unter Mitarbeit von Barbara Klingmann
Redaktion und Satz der deutschen Ausgabe:
Hans E. Latzke Redaktionsbüro Bielefeld

Printed and bound in China
ISBN 3-7701-3835-X

Inhalt

Der Landhausstil

Stellen Sie sich einmal ›Ihr‹ Haus auf dem Lande vor: Es ist ein strahlender Herbsttag, in flauschigen Wölkchen steigt der Rauch aus dem Kamin in den makellos blauen Himmel. Das Laub leuchtet in prachtvollen Gelb- und Orange-Schattierungen, der Wind ist schon etwas kühl. Katzen schlafen wohlig ausgestreckt in Sonnenstreifen, ohne sich um das Geschwätz der Vögel auf dem Dachfirst zu scheren. An einem Sommertag ist der Bogen über dem Tor mit Rosen wie übergossen, die Steckrosen recken sich an den weißen Mauern bis hoch zu den offenen Fenstern. ❧ Schon beim Betreten des Hauses riechen Sie das frische Brot, das gerade im Ofen backt. Stellen Sie Ihre Stiefel auf dem Rost ab, und gehen Sie auf Strümpfen über die kühlen Fliesen. Lassen Sie sich auf einen der bequemen Stühle am sauber gescheuerten Küchentisch fallen, schauen Sie sich um zwischen gemalten Motiven, gehäkelter Spitze, glänzenden Kupfertöpfen und Holzlöffeln. So sieht das Landleben in Ihren Träumen aus, und wenn Sie die wachen Stunden des Tages in der Hektik und dem Verkehrschaos einer Stadt verbringen müssen, sind solche Träume nur um so verlockender. Idyllische Szenen wie diese sind Symbole einer Lebensweise, die uns sanfter, natürlicher und weniger stressig als das Stadtleben erscheint. Der von außen auf uns einwirkende Druck in unserem zu Ende gehenden Jahrhundert kommt uns immer schlimmer vor, deshalb wächst das Bedürfnis, etwas von dieser ländlichen Ruhe und Gelassenheit in unseren Alltag hinüberzuretten. Eine der einfachsten Methoden besteht darin, einige Elemente des Landlebens in die eigenen vier Wände zu holen, damit sie unser Heim friedlicher und gastlicher machen, so daß wir abends gern zurückkehren. Man braucht nicht in einem Bauernhaus zu wohnen, um ein Stück Landleben zu verwirklichen. Der ›Country-Look‹ ist nicht nur eine Lebensweise, sondern auch Ausdruck einer bestimmten Einstellung. ❧ Wir zeigen Ihnen in diesem Buch, wie man diese Einstellung entwickelt und wie Sie mit kreativen Ideen einen Abglanz Ihrer Träume in Ihre vier Wände hineinstrahlen lassen können, ob es nun ein Bauernhaus ist oder eine Etagenwohnung. Doch nicht nur das fertige Werk bereitet Freude. Sie werden sehen, daß schon Entwurf und Ausführung Ihnen ein Gefühl der Zufriedenheit und der inneren Ruhe geben werden – und das ist das Wichtigste beim Landhausstil.

Unten: *Patchwork ist wunderschön und zugleich praktisch – beides typische Merkmale des Country-Stils.*

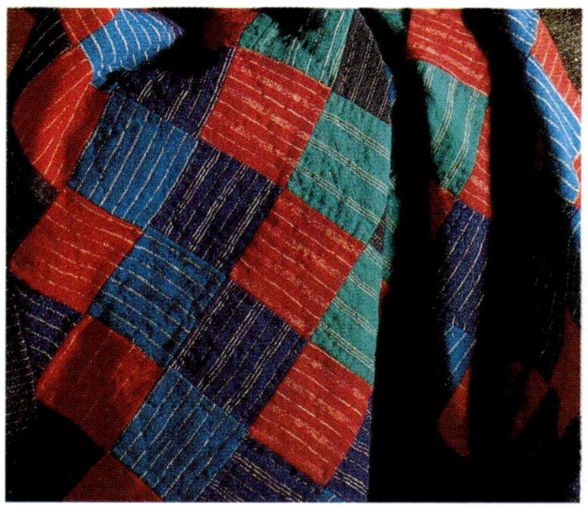

Was macht den ›Country-Look‹ aus?

Der Landhausstil wird in unterschiedlichster Weise ausgelegt. Überall auf der Welt gibt es Stadtmenschen, die von einem friedlicheren Leben an einem Ort träumen, wo der Verkehr nicht so hektisch ist, die Lebensmittel noch Aroma haben und der Nachthimmel nicht mit Neonlichtern, sondern mit Sternen übersät ist. Natürlich ist das eine idealisierte Vorstellung, doch sie hat auch einen wahren Kern: Das Landleben richtet sich wie schon seit Urzeiten nach dem Wechsel der Jahreszeiten und nicht etwa nach von Menschen gesetzten Terminen. Häuser auf dem Lande sind lebendig und gemütlich, sie wachsen und reifen. Country-Dekorationen soll man sich nicht nur anschauen, sondern mit und in ihnen leben. Viele der Dinge, die wir für typische Elemente des Landhausstils halten, haben bei näherem Hinsehen eine überaus praktische Funktion. ❧ Der Landhausstil ist nicht überall gleich, er unterscheidet sich je nach Nationalität und Klima, doch es gibt immer einen gemeinsame Nenner. Es ist stets ein selbstgemachter, funktionaler, gemütlicher Stil. Oft gibt es eine geräumige Wohnküche mit einem großen Tisch aus blankgescheuertem Kiefernholz und diverse bequeme Stühle. Ländliche Küchen sind manchmal ein Wirrwarr von Farben und Mustern, wenn sich im Geschirrschrank das Porzellan stapelt und von den Deckenbalken körbeweise Trockenblumen und Kräuter herabhängen. Glänzende Kupfertöpfe und -pfannen will man nicht im Schrank verstecken, also hängt man sie einfach an Fleischerhaken irgendwo auf, wo man sich möglichst nicht den Kopf daran stößt. Fußböden müssen praktisch, robust und pflegeleicht sein, deshalb bieten sich Holzdielen, Fliesen, Linoleum oder Kork an, auf die man waschbare Baumwoll- und Flickenteppiche legen kann. ❧ Das Essen, das man in einer solchen Küche zubereitet, ist herzhaft, gibt Kraft und ist aus dem gemacht, was die Jahreszeit bietet – wärmende Braten und Eintöpfe im Winter, leichte, frische Gemüsetorten und Obstkuchen im Sommer. Gemüse aus der Region, ob aus dem eigenen Garten oder vom Bio-Bauern, schmeckt unendlich viel besser, wenn es der jeweiligen Jahreszeit entspricht,

Oben: *Auch wenn für diesen Raum mehrere Motive nebeneinander verwendet wurden, wirkt er durch die zurückhaltende Farbgebung dennoch einheitlich.*

als wenn es das ganze Jahr hindurch zu bekommen ist. ❧ Im ganzen Haus stehen Blumenarrangements, die sich an Vorbildern in der Natur orientieren und aus organischen Materialien gemacht sind – im Vergleich zu Treibhausblumen wirken sie viel natürlicher und spontaner. Ein Ingwerglas, das seit Jahren zum Haushalt gehört, steht neben einem Emailkrug mit den gestern beim Spaziergang gepflückten Feldblumen. Vielleicht mögen Sie es lieber, einzelne Blütenköpfchen einfach in einer flachen Glasschale schwimmen zu lassen oder geschmeidige Zweige zu einem Herzen zu biegen und mit Kletterefeu zu umranken. Die Farben des Herbstes kann man mit Kürbissen, Gemüsen und getrockneten Fruchtständen nachempfinden. ❧ Das ländlich eingerichtete Haus unterliegt keinem Modediktat, und seine Farbpalette beinhaltet die natürlichen Schattierungen der Landschaft ringsum, die keineswegs fade, blaß und artig zu sein brauchen: Sie können genauso leuchtend sein wie der Herbst, mit hier und da aufblitzenden Lichtern, oder warm wie die mit Butterblumen übersäten Sommerwiesen oder ein reifes Weizenfeld. ❧ Das Haus läßt den persönlichen Einsatz erkennen: Wenn Sie ein Wandbord streichen, wird es vermutlich in fünfzig Jahren noch dort hängen, also machen Sie Ihre Sache gut. Schaffen Sie sich Freiräume für kreative Dinge, ganz gleich, ob Sie sich für Schablonenmalerei, Holzarbeiten oder Sticken entscheiden. Selbstgemachtes Kunsthandwerk verleiht Ihrem Heim Fülle und schenkt Ihnen das zufriedene Gefühl, etwas Schönes mit den eigenen Händen geschaffen zu haben – und das kann man mit allem Geld der Welt nicht kaufen. ❧ Wir zeigen Ihnen die Arbeiten Schritt für Schritt, und Geübte finden ebenso wie Ungeübte etwas Passendes. Vielleicht trauen Sie sich an Stickarbeiten nicht heran, fühlen sich aber durchaus der Aufgabe gewachsen, mit Hammer und Nagel Muster in Blech zu treiben; und selbst wenn Ihnen Blumenarrangements ein Buch mit sieben Siegeln sind, können Sie doch bestimmt ein paar Trockenblumen in einen Terrakottatopf stellen. Ganz gleich, wofür Sie sich entscheiden: Sie können sich darauf verlassen, daß Sie anhand unserer Anleitungen mit minimalem Aufwand eine optimale Wirkung erzielen. Wenn Sie Ihre Wände in Rekordzeit neu gestalten möchten,

Unten: *Dekorative Türfüllungen können ein Möbelstück vollständig verwandeln. Wenn Sie sich freihändig gemalte Motive nicht zutrauen, versuchen Sie es doch einmal mit der Schabloniertechnik!*

Oben: *Patchworkkissen machen einen hölzernen Lehnstuhl kuschelig. Das Schöne ist, daß man dafür obendrein alle Stoffreste aufbrauchen kann.*

können Sie einen Lasuranstrich auftragen und mit Hilfe von Schaumstoffmodeln bedrucken oder mit einer Bordüre in Schabloniertechnik verzieren. Wenn man Bodendielen kälken will, muß man sie zwar zunächst mühsam abschleifen, dafür kann der Farbauftrag aber an einem einzigen Nachmittag erfolgen. Wenn Sie sich für Korkfliesen entschieden haben, färben Sie doch einfach die Hälfte davon schwarz und legen Sie daraus ein kontrastreiches Schachbrettmuster. ❧ Bei der Wahl der Materialien oder der Möbelstücke, die dekoriert werden sollen, wenden Sie am besten die ›Hamster-Methode‹ an: Horten Sie alles, was Sie in Secondhandshops und auf Trödelmärkten ergattern können. Wenn Sie Dinge, die sich zum Verschönern anbieten, beiseite stellen, haben Sie stets etwas zur Hand, wenn die Lust auf kreatives Tun Sie packt. Es ist oft eigenartig schwierig, ein Holztablett oder eine Zinnkanne zu bekommen, wenn man so etwas dringend sucht. Legen Sie deshalb auf dem Dachboden ein Lager an, aus dem Sie schöpfen können. ❧ Als sehr praktische Neuerung, was die Materialien für Dekorationen angeht, gibt es seit einiger Zeit wasserlösliche Lackfarben. Man braucht also keine Lösungsmittel mehr zum Pinselreinigen, es reicht, wenn man sie einfach unter fließendem Wasser auswäscht. Der größte Fortschritt dabei ist jedoch, daß die Arbeitszeit praktisch auf die Hälfte schrumpft, denn wasserlösliche Farben trocknen sehr schnell. Wichtig jedoch ist, niemals wasserlösliche Lacke und Ölfarbe zu mischen. ❧ Ob Sie nun Ihr Heim völlig im Landhausstil neu gestalten oder nur ein paar Details verändern möchten, versuchen Sie immer, dem Charakter und Alter des Hauses gerecht zu werden. Nehmen Sie interessante Elemente als Ausgangspunkte, etwa ein ungewöhnlich geformtes Fenster. Ihr Zuhause muß in erster Linie Ihnen selbst gefallen, und beim Country-Look geht es gerade um die persönliche Note, um natürliche Materialien, Wärme und Gemütlichkeit. Lassen Sie sich einfach von Ihrem Instinkt leiten, und genießen Sie das Leben im bezaubernden Landhausstil.

Einrichtung

Stewart & Sally Walton

Wände und Böden

Ein frischer Farbanstrich oder eine interessante Fußbodenlösung verändert jeden Raum: Das ist die Grundlage für einen umfassenden Country-Look. Verschönern Sie die Wände mit Schabloniertechnik oder einem Freihandfries. Drucke mit Schaumstoffmodeln wirken wie echte handbedruckte Tapeten, kosten aber nur einen Bruchteil. Für Fußböden bieten sich ›gekälkte‹ Dielen, Korkfliesen oder ein gemalter Teppich an.

Die ländliche Farbpalette

Farben üben einen enormen Einfluß auf uns aus und können unsere Stimmung nachhaltig prägen. Wählen Sie harmonische Naturtöne und meiden Sie allzu künstlich glänzende Farben. Naturfarben sind keineswegs ausschließlich Brauntöne. Denken Sie nur an den Herbst mit seiner Vielfalt an Gelb- und Orangetönen, die sich im bunten Laub mit Scharlachrot mischen!

Bei Wanddekorationen im Landhausstil hütet man sich am besten vor einer allzu perfekten Feinbearbeitung. Lassen Sie statt dessen schillernde, ›fleckig‹ oder verwaschen wirkende Effekte zu. Man kann dafür kräftige Farben verwenden, allerdings nicht konzentriert, sondern lieber in durchscheinendem Auftrag. Haben Sie keine Angst vor starken Farben wie Ziegelrot, Dunkelgrün oder Graublau, denn Möbel, Teppiche, Bilder, Verzierungen, Kissen und Vorhänge werden die Wandfarbe etwas zurücknehmen und dämpfen. Ist der Raum dunkel, sollten Sie kräftige Farben nur im unteren Wandbereich verwenden, während der obere ebenso wie die Decke in hellen Farben gestrichen wird. In einem großen Raum können dunkle Farben sehr gemütlich wirken, wenn ein kleines Zimmer jedoch geräumiger wirken soll, wählen Sie lieber hellere Töne und setzen vielleicht mit Schabloniertechnik oder einem Freihandfries farbliche Akzente.

Wenn Sie die Farbe nicht selbst anmischen wollen, können Sie auf eines der ›nostalgischen‹ Farbsortimente im Fachhandel zurückgreifen. Diese Farben sind zwar teurer als die herkömmlichen, jedoch speziell auf Antiquitäten, natürliche Materialien und alte Stoffe abgestimmt. Die Mehrkosten lohnen sich, denn die Wirkung der Farben ist prachtvoll.

Wenn Ihnen der Mut zur Farbe fehlt und Sie sich für weiße Wände entscheiden, denken Sie auch an die Möglichkeit, mit den Fußleisten, Tür- und Fensterrahmen Akzente zu setzen. Sie können

Oben: *Der Natur abgeschaute Farben müssen nicht unbedingt düster sein.*

etwa für diese Holzteile zunächst intensive, kräftige Farben nehmen, die Sie mit einem helleren Farbton noch einmal überstreichen. Wischen Sie dann die oberste Farbschicht zum Teil wieder ab, oder schleifen Sie nach, wenn die Farbe trocken ist. Dadurch schaffen Sie ›Lichter‹, die den Raum gemütlich machen.

Wählen Sie natürliche Farben, in denen Sie sich wohlfühlen, und denken Sie daran, daß beim Landhausstil nicht alles zusammenpassen muß. Vorhänge, Teppiche und Lampenschirme brauchen nicht aufeinander abgestimmt zu sein. Im Gegenteil: Je ›zusammengewürfelter‹ die Zutaten wirken, desto hübscher ist oft der Gesamteindruck.

Wenn Sie Ihrem Zuhause einen Country-Look verleihen möchten, müssen Sie zunächst über die Wände und Fußböden nachdenken. Wenn diese beiden Elemente stimmen, ist alles andere ein Kinderspiel. Ein leerer Raum mit pudriger Wandfarbe, Schablonenmalerei und einem abgezogenen, gekälkten Boden hat an sich schon ein ländliches Ambiente, während kein Landhausnippes und keine rustikale Einrichtung es schafft, ein ordentlich tapeziertes, mit Kranzgesims und Perserteppichen versehenes Wohnzimmer in einen Country-Raum zu verwandeln.

Der ideale Weg wäre, das Haus komplett leerzuräumen, alle Tapeten und Teppiche zu entfernen und von Null anzufangen, doch diesen Luxus kann sich wohl kaum jemand leisten. Sinnvoller ist es, sich jeweils nur einen Raum vorzunehmen und dort die Wände und Böden in einer der nachfolgend vorgeschlagenen Weisen neu zu gestalten.

Das Kapitel zeigt Ihnen, wie man die Grundelemente eines Raumes persönlicher, individueller macht. Wenn Sie Ihre Wände bemalen oder bedrucken, werden sie Ausdruck Ihres eigenen Geschmacks, was bei Tapeten niemals der Fall ist. Gelegentlich stiften wir Sie an, ein bißchen zu schummeln, indem Sie glatte Oberflächen aufrauhen, Farbe wieder abwischen oder beim Schablonieren ungleichmäßig vorgehen – so erzielt man nämlich einen ›abgewetzten‹, nostalgischen Effekt. Schließlich kann man nicht hundert Jahre warten, bis er sich von selbst einstellt!

Die vorgestellten Modelle beruhen teils auf Anregungen aus der Volkskunst, teils auf echten Vorbildern aus alten Landhäusern. Was auch immer Sie für Wände und Boden wählen, Sie müssen sich vor allem Gedanken machen, wie beides als Hintergrund für Ihren persönlichen Geschmack und Ihre Einrichtung aussehen wird, denn schließlich tragen Bilder, Spiegel, Lampen, Pflanzen, Regale, Teppiche und Möbel zum endgültigen Eindruck ebenfalls bei. In einem leeren Raum mag eine gemalte Bordüre zwar zunächst sehr dominierend wirken, dieser Effekt wird aber letztlich durch die Einrichtung und persönliche Dinge abgemildert.

Denken Sie auch daran, daß es beim Country-Stil nicht um Präzision und Modeströmungen geht, sondern um Harmonie und Gemütlichkeit. Sie sollen vor allem Freude an diesem Stil haben, und zwar am Dekorieren selbst ebenso wie hinterher am fertigen Ergebnis.

Im Uhrzeigersinn von links oben: *Hier wurden Wände und Decken mit getöntem Klarlack überzogen, um eine ›Patina‹ zu erzeugen. Leuchtendes Ziegelrot erfordert etwas Mut, es ist aber für ein Wohnzimmer ungemein wärmend. Die schmeichelnden Farben dieser Decke im Crazy Patchwork wurden mit breiten Sticknähten betont.*

Ausgestrichene Farblasur

Dieser weiche, unregelmäßige Wandanstrich ist Landhausstil in Reinform. Traditionell erzielt man ihn mit verdünnter Tünche oder mit Öllasur, die über matte Wandfarbe aufgetragen wird. Unsere Methode ist einfacher.

Das Ungewöhnliche an dieser Lasur ist der Tapetenkleister, der vor Zugabe des Weißleims wie üblich angerührt wird. Der Kleister verleiht der Farbe zusätzliche Transparenz, während der Weißleim die Oberfläche nach dem Trocknen versiegelt. Zum Tönen der Lasur kann man Pigmente, Gouache- oder Acrylfarbe verwenden. Verrühren Sie die Farbe erst mit etwas Wasser, dann vermischt sie sich besser.

Mit einem großen Flächenstreicher die Lasur auftragen. Dazu auf einem begrenzten Gebiet etwa fünf Farbtupfer auf die Wand geben. Dann mit lockeren Bewegungen die Lasur aufs Geratewohl ausstreichen, bis die Farbe an dieser Stelle aufgebraucht und gut verteilt ist. Über die gesamte Fläche fortfahren, dabei die Ansätze zwischen den bearbeiteten Stellen immer gleich verwischen.
Auf diese Weise können Sie einen Raum sehr preiswert streichen. Mischen Sie etwas mehr Lasur an, als Sie voraussichtlich brauchen: Wenn Ihnen mitten in der Arbeit die Farbe ausgeht, werden Sie den genauen Farbton kaum noch einmal erzielen. Ein Liter Lasur reicht für etwa 40 m² Wandfläche.

MATERIAL

Weißleim
Tapetenkleister
Acryl-, Gouachefarbe oder Pigmentpulver zum Tönen der Lasur
Großer Flächenstreicher

1

Die Wandfläche vorbereiten. Im Idealfall sollte sie mit gebrochen weißer seidenmatter Vinylfarbe vorgestrichen sein, jede andere helle Grundierung ist aber ebenfalls geeignet. Alten Anstrich mit Anlauger abwaschen und trocknen lassen. Die Lasur anmischen aus 1 Teil Weißleim, 5 Teilen Wasser und 1/4 Teil Tapetenkleister. Mit drei 20 cm langen Strängen aus der Farbtube bzw. etwa 1 EL Pigmentpulver verrühren. Die Intensität der Farbe nach Belieben abwandeln. Probieren Sie die Farbe auf einem Papier aus, das mit derselben Grundfarbe gestrichen ist wie die Wände. Gegebenenfalls können Sie jetzt noch den Farbton ändern.

2

Beginnen Sie mit dem Auftragen der Lasur in einem Teil des Raumes, der später von Möbeln verdeckt wird, denn Ihre Technik wird mit der Übung immer besser werden. Fangen Sie oben an der Wand an, tupfen Sie die Lasur mit dem Pinsel auf und verteilen sie dann mit Pinselstrichen, die Sie aufs Geratewohl in zügigen Bewegungen ausführen.

3

Der Auftrag wird streifig und läßt die Pinselstriche erkennen, doch man kann diese Wirkung vor dem endgültigen Trocknen noch abmildern. Nach etwa 5 Minuten erneut ohne Farbe leicht über die Oberfläche fahren. Der Pinsel nimmt überschüssige Lasur auf und hinterläßt einen weicheren, nicht so streifigen Effekt. In Ecken und an Kanten die Lasur auftragen und von der Ecke bzw. Kante wegbürsten. Trotzdem bleibt die Farbe an manchen Stellen konzentrierter, doch das sieht man später nicht mehr, wenn die Möbel erst wieder eingeräumt sind.

›Pudriger‹ Wandanstrich

Um diesen Effekt zu erzielen, müssen Sie Ihre Wände etwas ›aufrauhen‹. Dazu brauchen Sie Spachtelmasse und grobkörniges Schleifpapier – dann wird genau umgekehrt wie bei der normalerweise üblichen Vorgehensweise verfahren.

Der Deckanstrich ahmt die weich gefärbte, pudrige Qualität von Temperafarben nach, die vor der Erfindung von Dispersionsfarbe am häufigsten für Wandanstriche verwendet wurden. Das Schöne an diesem ›pudrigen‹ Deckanstrich ist, daß man ihn direkt, ohne Untertapete oder spezielle Grundierung, auf Beton, Gips oder Hartfaserplatten, im Prinzip also auf so gut wie jede Oberfläche aufbringen kann. Die Farbe wird mit Wasser auf die gewünschte Konsistenz verdünnt und mit einem breiten Flächenstreicher großzügig aufgetragen. Fehler und herunterlaufende ›Nasen‹ kann man mit einem feuchten Tuch verwischen, und auch sonst läßt sich die Farbe sehr angenehm verarbeiten. Sie braucht etwa zwei Stunden zum Trocknen, dabei wird die Farbe erheblich heller, bis schließlich der gewünschte Effekt zutage tritt, nämlich eine pudrigweiche, matte Farbfläche, die jedem Raum sofort Wärme verleiht.

Die ›abgenutzte‹ Wirkung des Putzes vermittelt ein einladend ländliches Gefühl. Man kann davon ausgehen, daß die ›echte‹ Landbevölkerung einfach nicht genügend Zeit für einen perfekten Deckanstrich hatte, doch muß man auch zugeben, daß solche unregelmäßigen, teilweise ›verblaßten‹ Farbflächen etwas ungemein Gemütliches ausstrahlen.

MATERIAL

Moltofill oder eine andere Spachtelmasse
Spachtel
Grobkörniges Schleifpapier
Dispersionsfarbe in hellem Ockergelb
Großer Flächenstreicher

1

Zur Vorbereitung der Wand die gesamte Tapete bis auf den Putz ablösen. Die Spachtelmasse mit dem Spachtel ungleichmäßig auftragen, so daß eine unebene Struktur entsteht. Verstreichen Sie jeweils dünne Lagen nach dem Zufallsprinzip in verschiedene Richtungen. Nach der etwa einstündigen Trockenzeit können Sie einen eventuellen Überschuß wieder abschleifen.

2

Die Übergänge zwischen Spachtelmasse und der ursprünglichen Wandfläche mit Schleifpapier glätten, jedoch einige Stellen rauh belassen, so daß der ›abgenutzte‹ Effekt hier deutlich zutage tritt. Ein Teil Farbe mit zwei Teilen Wasser anmischen.

3

Beginnen Sie mit dem Streichen in Deckenhöhe. Die Farbe wird vermutlich etwas tropfen, deshalb sollten Sie alle gefährdeten Flächen mit alten Bettlaken oder Abdeckfolie schützen. Streichen Sie nicht in präzisen Reihen, sondern eher nach dem Zufallsprinzip, und lassen Sie sich nicht verunsichern, wenn die Farbe fleckig wirkt, denn dieser Effekt verblaßt beim Trocknen wieder. Beim zweiten Anstrich muß die Farbe etwas dickflüssiger sein, deshalb verwenden Sie weniger Wasser und rühren gründlich um. Die Konsistenz soll etwa wie flüssige Sahne sein. Den zweiten Anstrich genauso wie den ersten auftragen, dabei die Farbe auch in Risse und rauhe Stellen im Putz gut einarbeiten. Nach zwei Stunden kommt die pudrige Wirkung des Anstrichs zur Geltung. Wir haben die hier gezeigte Wandfläche als Grundlage für die auf der nächsten Seite gezeigte Schablonenbordüre verwendet.

Schablonenbordüre

Schablonenmuster können sich durch das ganze Haus wie Kletterpflanzen ranken, etwa rund um Türlaibungen, Bilderleisten, sogar durch das Treppenhaus bis hinauf in den ersten Stock! Schablonieren macht Spaß und Lust auf mehr. Sich auf einige wenige Dekorationen zu beschränken, fällt deshalb nicht ganz leicht.

Die Motive für diese Bordüre stammen aus einem im 18. Jahrhundert auf Rhode Island, New York, erbauten und gestalteten Haus. Früher war das Schablonieren in der Innenarchitektur ein höchst beliebtes Stilmittel. Man schuf damit Pfeiler und Friese, verzierte aber auch ganze Wände mit bis zu sieben verschiedenen Mustern auf einer Fläche.

Eine Bordüre wie diese eignet sich hervorragend als optische Teilung der Wandfläche, man kann sie aber ohne weiteres auch in Deckenhöhe, an der Fußleiste oder als Rahmen um ein Fenster verwenden. Selbst wenn Sie – wie es hierzulande meist der Fall ist – keine echte Stuhlleiste haben, können Sie mit dem Schablonenfries in mittlerer Höhe einen optischen Akzent setzen und so eine Leiste mit Farbe beziehungsweise Lack imitieren.

Markieren Sie die Stuhlleiste oder Trennlinie unter Zuhilfenahme eines Lots und eines langen Lineals mit einem Bleistiftstrich. Die Wandfläche unterhalb des Strichs kann in einem dunkleren Farbton gestrichen oder einfach mit seidenmattem Klarlack überzogen werden, der die Farbe etwas nachdunkeln und glänzen läßt. Die schablonierte Bordüre verbindet optisch die beiden Wandflächen und mildert den Kontrast ab. Wenn man die Farbintensität der Bordüre etwas variiert, sieht sie schön nostalgisch aus.

MATERIAL

Pauspapier
Acetatfolie oder Schablonenpappe
Sprühkleber
Cutter
Kreppklebeband
Dispersionsfarbe in Ockergelb
Getönter Klarlack in der Farbrichtung
Altes Kiefernholz
Mittelgroßer Flachpinsel
Schablonierfarbe
Stupfpinsel

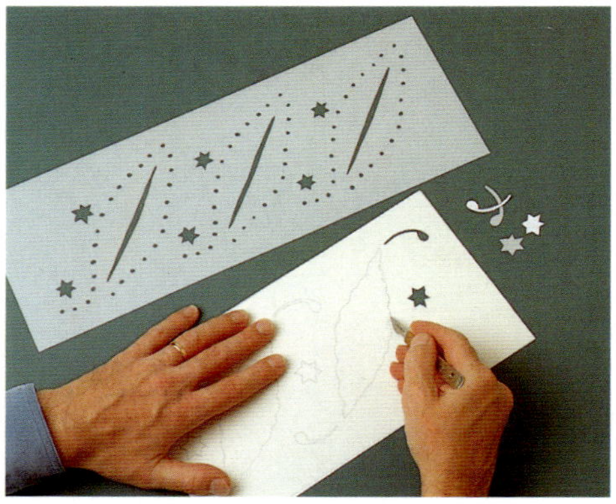

1

Das Motiv aus dem Schablonenteil abpausen und vergrößern. Mit Sprühkleber auf der Acetatfolie befestigen. Mit einem Cutter vorsichtig die Muster ausschneiden. Fehler gegebenenfalls mit Kreppklebeband beheben. Achten Sie darauf, daß die Klinge stets sehr scharf ist, da sich der Cutter so am besten führen läßt. Das restliche Pauspapier abziehen.

2

Wenn Sie mögen, streichen Sie die gesamte Wandfläche wie auf der vorhergehenden Doppelseite beschrieben und überziehen anschließend die untere Fläche mit dem leicht getönten Klarlack. Damit der Überzug schön unregelmäßig wird, den Pinsel nicht zu geradlinig führen.

3

Die Rückseite der Schablone dünn mit Kleber einsprühen und 5 Minuten antrocknen lassen. Die Schablone in einer Ecke ansetzen und die erste Farbe auftragen. Die Farbe sehr sparsam verwenden und den Pinsel zuvor auf Küchenpapier abtupfen. Sollte eine Stelle allzu hell geraten, können Sie später noch einmal nachtupfen, während überschüssige Farbe kleckern und hinter der Schablone herunterlaufen würde. Die Schablone ablösen und die Ränder von Farbresten säubern, bevor Sie sie ein Stück weiter erneut auflegen. Oberhalb der Trennlinie ringsherum den Fries in der ersten Farbe vollständig auftragen.

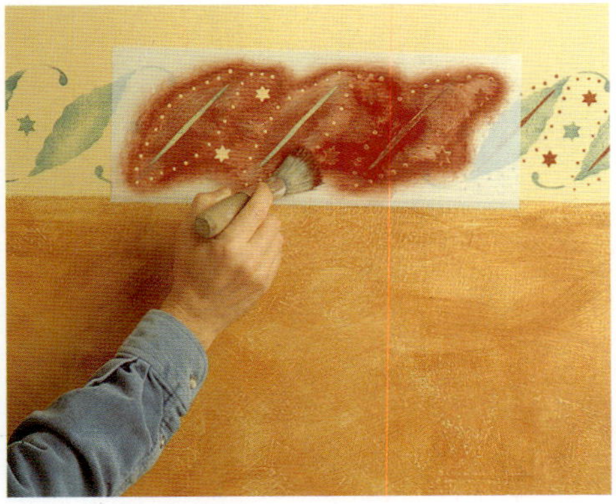

4

Schablonierfarbe trocknet rasch, deshalb kann man sofort die nächste Farbe hinzufügen. Man beginnt an derselben Stelle wie beim ersten Durchgang. Gehen Sie ringsum weiter und denken Sie daran, die Schablonenränder jedesmal sorgfältig abzuwischen.

Freihandfries

Der freihändig gemalte Weinrankenfries soll die unterschiedlichen Farben der Wandfläche optisch verbinden. Er muß zwar gründlich vorbereitet werden, nach der Fertigstellung wird man ihm die Mühe jedoch nicht mehr ansehen. Es dürfte wohl kaum eine individuellere Dekoration geben!

Die untere Wandfläche mit Hochglanzlack zu streichen ist eine praktische Sache, denn in diesem Bereich kann man eine abwaschbare Oberfläche gut gebrauchen, außerdem bringt die glänzende Schicht die Farbe wunderbar zum Leuchten. Die hellere Wandfarbe oberhalb der Stuhlleiste ist dagegen matt und hat einen Farbton, der an frischen Rahm direkt vom Bauernhof erinnert. Wenn Sie keine Stuhlleiste als Wandunterteilung haben, können Sie das gleiche Prinzip ohne weiteres auf eine durchgehende Wandfläche übertragen.

Der Trick bei den freihändig auf die senkrechte Fläche gemalten Schwüngen liegt darin, daß man die Hand mit einem Malstock stabilisiert. Dazu nimmt man eine simple Holzleiste von rund 45 cm Länge. Ein Ende wird mit Watte gepolstert, mit einem kleinen Stück Baumwollstoff oder Musselin umwickelt und das ganze mit einem Gummiring befestigt. Dieses Polster drückt man mit der freien Hand gegen die Wand, die malende Hand liegt locker auf dem Stock, damit es keine unwillkürlichen Schlenker und Verwackler gibt. Üben Sie, mit Hilfe des Malstocks Bögen zu malen, bevor Sie mit dem Fries beginnen. Denken Sie aber auch daran, daß der Reiz des handgemalten Musters gerade in den kleinen Abweichungen liegt. Das Wichtigste ist, daß Sie Spaß bei der Arbeit haben.

MATERIAL

Dispersionsfarbe in Hellgelb
Glänzende Latexfarbe in Graublau
Nitro-Lack in Englischrot, matt
Malerrolle und Farbwanne
Lackierrolle
2,5 cm breiter Malerpinsel
Ggf. Kreppklebeband
Schlagschnur oder Lineal
Kreide
Schablonenpappe mit Motiv
Mitteldicke Pappe
Cutter
1 cm breiter Strichzieher (langer, gerade abgeschnitter flacher Haarpinsel)
Gouachefarbe in Indischrot und ungebrannter Siena
45 cm lange Holzlatte, etwa bleistiftdick
Wattebausch
Rest Baumwollstoff
Gummiring
Runder Haarpinsel Nr. 6

1

Die vorbereitete Wandfläche zwischen Decke und Trennlinie mit der Malerrolle mit der Dispersionsfarbe streichen. Von der Trennlinie abwärts bis zur Fußleiste die Hochglanzfarbe mit der Lackierrolle auftragen. Mit der roten Ölfarbe und dem 2,5 cm breiten Flachpinsel die Fußleiste und, sofern vorhanden, die Stuhlleiste streichen. Mit Kreppband abkleben, damit die Linie gerade wird. Mit Hilfe einer Schlagschnur oder eines Lineals die Ober- und Unterkante des Frieses mit einer feinen Hilfslinie markieren.

2

Mit Hilfe der Schablone das gewählte Muster auf dem Fries mit feinen Hilfslinien andeuten.

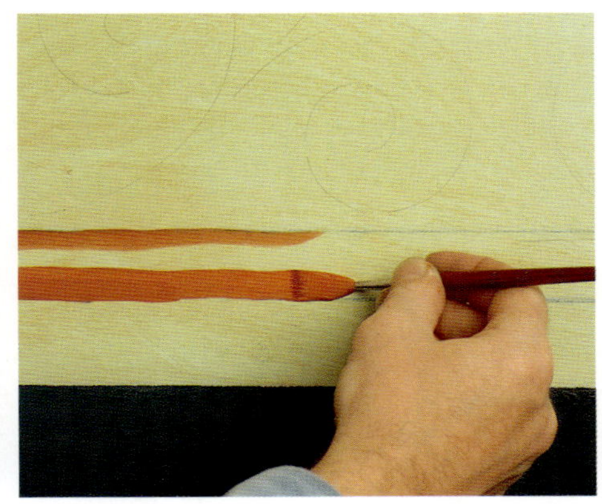

3

Mit der Gouachefarbe und dem Strichzieher die Begrenzungslinien aufmalen, dabei den Pinsel mit der Seite flach andrücken. Damit die Linie nicht gleichmäßig wird, mischen Sie zwei leicht unterschiedliche Töne der gleichen Farbe an und verwenden sie abwechselnd nach dem Zufallsprinzip.

4

Den Malstock wie auf der linken Seite beschrieben herstellen.

5

Die geschwungenen Ranken mit Gouachefarbe und dem runden Haarpinsel malen, dabei die Hand mit dem Malstock abstützen. Der Bewegungsablauf sollte möglichst fließend sein.

6

Ober- und unterhalb der ›Reben‹ die Trauben mit dem runden Haarpinsel hinzufügen, dabei hier und da über die doppelten Linien hinausmalen. Es darf ruhig etwas ›unordentlich‹ wirken, schließlich soll man dem Fries ansehen, daß er handgemalt ist.

Drucken mit Schaumstoffmodeln

Das Drucken mit ausgeschnittenen Schaumstoffstücken ist die einfachste Methode, handgedruckte Tapeten zu imitieren. Die Gesamtwirkung ist so spontan, daß sie mit industriell gefertigten Tapeten nie und nimmer zu erzielen wäre. Eine weitere Besonderheit dieser Technik sind die hier verwendeten Farben, eine Kombination von Tapetenkleister, Weißleim und Gouachefarbe. Sie sind nicht nur preiswert, sondern auch wundervoll durchscheinend. Auch mit dem Schaumstoff verträgt die Farbe sich gut, zumal durch das Andrücken und Loslassen mit der etwas klebrigen Paste sehr schöne Konturen erzielt werden.

Am besten eignet sich Schaumstoff, der kompakt und trotzdem weich ist, also das von Polsterern verwendete Material. Das Material muß über 2,5 cm dick sein. Man muß das Stück gut halten können, ohne dabei die Stempelfläche zu verformen.

Streichen Sie die Hintergrundfarbe auf einen Papierbogen; darauf können Sie die Technik ausprobieren und verschiedene Farbmischungen testen. Merken Sie sich dabei jeweils die Anteile der einzelnen Farbtöne, denn dann können Sie die gewünschte Farbe später in größeren Mengen anrühren (die Farbe reicht allerdings ohnehin für große Flächen). Als Hintergrund haben wir auf diesen Bildern die ausgestrichene Farblasur von Seite 16 verwendet.

MATERIAL

Ggf. Pauspapier
Schaumstoffreste vom Polsterer
Filzstift
Cutter
Senklot
Papierquadrat von 15 cm Kantenlänge oder entsprechend der gewünschten Größe der Einzelmotive
Tapetenkleister
Weißleim
Gouachefarbe oder fertig angemischte Wasserfarbe in Chromgrün, Dunkelgrün und Eierschalenfarbe
Untertasse
Ggf. matter Klarlack

1

Das Motiv aus dem Schablonenteil kopieren oder abpausen und eine Schablone zuschneiden, mit deren Hilfe Sie die Motivteile mit Filzstift auf den Schaumstoff malen.

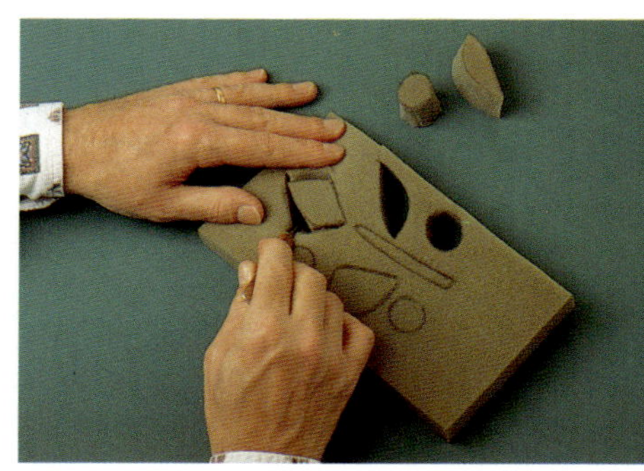

2

Die Modeln mit einem Cutter aus der Schaumstoffplatte ausschneiden. Dazu zunächst die Umrißlinien anritzen und dann erst den Schaumstoff vorsichtig auseinanderziehen und durch die ganze Platte schneiden.

3

Das Senklot an der Kante von Wand und Decke anbringen. Das Papierquadrat diagonal dazu ausrichten, so daß die Schnur durch die obere und untere Spitze führt. Die Ecken mit einem Bleistiftpunkt markieren. Nun das Quadrat an der Schnur hinunterschieben und jedesmal die Eckpunkte auf die Wand zeichnen. Dann die Schnur seitlich verschieben. Fortsetzen, bis die ganze Wand mit einem Punktenetz überzogen ist.

4

Tapetenkleister nach Vorschrift des Herstellers mit Wasser anrühren. 1 Teil Weißleim auf 3 Teile Kleister zugeben. Einen Spritzer Gouachefarbe in Chrom- und Dunkelgrün oder fertig angemischte Wasserfarbe hinzufügen und alles gut verrühren. Die Farbmischung auf einem Stück Papier probieren und eventuell noch etwas Farbe zugeben.

5

Ein wenig Farbe in die Untertasse gießen und mit dem ersten Model dünn Farbe aufnehmen Die Wand bedrucken, dabei locker abrollen. Die Bleistiftpunkte jeweils als Positionierhilfe verwenden. Eventuell wiederholen.

6

Mit dem zweiten Model die Zweige drucken, dabei die Ausrichtung immer etwas verändern, damit das Muster lebendiger wirkt.

7

Mit dem Punktmodel eierschalenfarbene Beeren drucken, dazu die Farbe genau wie zuvor anmischen. Bei einigen Zweigen die Blätter oder Stiele überdrucken, bei anderen die Punkte frei danebensetzen. Wenn Ihre Wände durch Dampf, Wasser oder Fingerabdrücke beeinträchtigt werden könnten, bietet sich ein Überzug mit mattem Klarlack an.

›Gekälkter‹ Dielenboden

Abgeschliffene, gekälkte Holzdielen wirken viel weicher und wärmer als lasierte oder gestrichene Böden und wecken Bilder von Küchentischen aus blankgescheuertem Kiefernholz oder von Sonne und Meer ausgelaugtem Treibholz. Wenn Sie einen geeigneten Holzboden besitzen, sollten Sie diese einfache Alternative zur zeitaufwendigen Tünche ausprobieren, gleich, ob es ein gebrochenes Weiß oder eine Pastellfarbe sein soll.

Mit der Drahtbürste wird die Holzmaserung vertieft, damit sie die Farbe aufnehmen kann, zugleich werden dabei alle Reste einer früheren Politur oder Lackierung beseitigt. Wenn die Maserung deutlich hervortreten soll, wischen Sie die Oberfläche feucht ab, bevor die Farbe trocken ist, dann konzentriert sich die Färbung auf die Vertiefungen in den Dielen. Sobald der Boden trocken ist, kann man ihn mit einer Schicht Fußbodenlack versiegeln.

MATERIAL

Grobe Drahtbürste
Weiße Dispersionsfarbe
Acrylfarbe in Dunkelbraun
Breiter Flächenstreicher
Sauberes feuchtes Tuch
Matter Klarlack

1

Mit der Drahtbürste die Holzdielen stets in Richtung der Maserung bearbeiten. Den Boden anschließend sehr gründlich fegen und staubsaugen.

2

Die Tünche anmischen. Dazu 3 Teile Wasser auf 1 Teil Dispersionsfarbe geben. Diese Mischung mit der dunkelbraunen Acrylfarbe oder, wenn Sie das lieber mögen, mit einer Pastellfarbe tönen. Rosa, Hellblau, Lindgrün oder Zartgelb sehen je nach Einrichtung sehr gut aus, zumal von der Farbe ohnehin nur ein Hauch übrigbleibt. Probieren Sie die Farbe vorher an einigen Holzbrettern aus.

3

Die Farbe mit dem Flächenstreicher auftragen, dazu in einer Ecke an der Fußleiste beginnen und dem Verlauf der Maserung folgend bis zur anderen Raumseite vorgehen.

4

Mit einem feuchten Tuch überschüssige Farbe abwischen, damit die Maserung gut zur Geltung kommt. Ist das Tuch zu naß, wird die Farbe ganz ausgewaschen, deshalb sollte es nur gerade angefeuchtet sein. Wenn der Boden völlig durchgetrocknet ist, mehrere Schichten Lack auftragen, um die Oberfläche zu schützen und zu versiegeln, dazwischen jeweils ausreichende Trockenzeiten einhalten.

Hartfaserplatten mit gemaltem Teppich

Leider ist nicht jedes Haus mit gut erhaltenen Holzdielen ausgestattet, die einfach abgeschliffen und goldglänzend gewachst werden können. Auf Estrich oder wenn die Bohlen zum Aufarbeiten ungeeignet sind, bietet sich diese Alternative an.

Hartfaserplatten können eine sehr attraktive Lösung darstellen, wenn Ihnen nur ein schmales Budget zur Verfügung steht. Weil Hartfaserplatten so ungemein praktisch sind, werden sie vielfach zum Nivellieren unter Vinylböden verwendet. Aber auch für sich allein, mit einem Schablonenmuster versehen, können sie ausgesprochen dekorativ wirken.

Damit größere Flächen nicht langweilig werden, kann man, wie hier gezeigt, einen Dhurrie-Teppich in Trompe-l'œil-Technik mitten im Raum aufmalen, wobei die Hartfaserplatten sozusagen zum Hintergrund werden. Die glatte Oberfläche der Platten eignet sich hervorragend zum Bemalen, und der Teppich wird sicherlich allgemeines Gesprächsthema werden.

MATERIAL

Zeitungspapier
Hartfaserplatten
Kleiner Hammer
Paneelstifte
Teppichlegermesser
Lineal
Bandmaß
Dispersionsfarbe in Graublau, Hellblau und Elfenbein
2,5 cm breiter Strichzieher
Acrylfarbe in Dunkelblau und Schwarz
Flächenstreicher
Kreppklebeband
Schablonenpappe oder Acetatfolie
Cutter
Stupfpinsel von 2 cm Durchmesser
Matter Klarlack

1

Den Boden mit einigen Lagen Zeitungspapier nivellieren. Die erste Hartfaserplatte in der Ecke auslegen, die der Tür am nächsten liegt. Die Paneelstifte im Abstand von ca. 7,5 cm zueinander und von ca. 1,5 cm zur Kante einschlagen und die Platte so auf dem Fußboden befestigen.

2

Die nächste Hartfaserplatte daran anschließen, sie dabei fest gegen die erste an die Fußleiste schieben. Die übrigen ganzen Platten ebenso verlegen, bis nur noch eine Reihe übrig ist, die passend zugeschnitten werden muß. Ist der Zwischenraum einigermaßen gleichmäßig geformt, messen Sie ihn (mindestens zweimal) aus, ist er jedoch sehr groß oder unregelmäßig, stellen Sie lieber aus Zeitungspapier eine Schablone her, damit die Platte auch wirklich paßt. Man schneidet die Platte auf der glänzenden Seite an einem Lineal entlang mit einem Teppichlegermesser und bricht sie dann an der Schnittfläche durch.

3

Wenn Sie Ihren Teppich in die Mitte des Raumes ›legen‹ wollen, bestimmen Sie mit einem Maßband die Mitte und messen Sie davon ausgehend die übrigen Abstände. Der Teppich kann in jeder beliebigen Größe gemalt werden. Der hier abgebildete ›indische Dhurrie‹ besteht aus 150 x 75 cm großen Elementen, die Sie entsprechend der Raumgröße beliebig oft multiplizieren können. Die Umrißlinie des Teppichs auf den Fußboden zeichnen, den Rand mit dem kleinen Strichzieher malen und das Mittelfeld mit Graublau ausfüllen. Zwei Stunden trocknen lassen.

4

Das Blau mit einem Schuß schwarzer Acrylfarbe etwas dunkler tönen und mit relativ trockenem Flächenstreicher nochmals locker überstreichen, damit der Teppich eine ›Webstruktur‹ bekommt.

Fortsetzung auf der nächsten Seite

5

Die Schablonenmuster aus diesem Buch abpausen und zwei Schablonen anfertigen. Beim Bordürenmuster die äußeren Linien mit Kreppband abdecken. Die Schablone in 2 cm Abstand von der Teppichkante anlegen und das Mittelmotiv mit Hellblau auftupfen.

6

Nun das Kreppband ablösen, die Schablone säubern und die Mittellinie abdecken. Die beiden seitlichen Motivreihen mit Elfenbein auftupfen.

7

Die Medaillon-Schablone am Rand der Bordüre entlang anlegen und die ganze Motivfläche mit Ausnahme der äußeren Begrenzungslinien mit dunkelblauer Acrylfarbe ausmalen. Am besten deckt man die Außenumrisse ebenfalls mit Kreppband ab.

8

Das Mittelmedaillon abdecken und die Umrißlinien in Elfenbein auftupfen.

9

Das Dunkelblau in der Mitte mit einigen Tupfern Hellblau aufhellen.

10

Mindestens zwei Schichten Klarlack über die gesamte Teppichfläche auftragen.

Schachbrett-Boden aus Korkfliesen

Kork ist ein wundervoller Naturwerkstoff, mit dem man warme, und relativ preiswerte Bodenbeläge schaffen kann. Während sich seine Anwendung früher meist auf Küche und Bad beschränkte, hat Kork mittlerweile auch den Wohnbereich erobert.

Wichtig bei Korkfliesen ist ein möglichst ebener Untergrund. Einen Dielenboden sollte man deshalb zunächst mit Hartfaserplatten belegen. Achten Sie darauf, daß die Korkfliesen als Fußbodenbelag geeignet sind. Die hier verwendeten unversiegelten Korkfliesen saugen die Farbe gut auf. Zwei Schichten seidenmatter Polyurethan-Klarlack sorgen für einen Schutzfilm, Sie können aber auch ein handelsübliches Spezialmittel zum Versiegeln von Kork nehmen.

MATERIAL

Korkfliesen
Holzlasur in Eiche dunkel und Kiefer
Breiter Flächenstreicher
Ggf. Spezialkleber für Kork
Seidenmatter Klarlack

1

Die Hälfte der Fliesen mit der dunklen Lasur färben, die andere Hälfte mit Kiefernlasur. Über Nacht trocknen lassen. Mit dem Verlegen sollten Sie in der am meisten sichtbaren Ecke beginnen, dann fällt es nicht so auf, wenn Sie zum Schluß stückeln müssen. Ermitteln Sie die Anzahl der dunklen dreieckigen Fliesen für zwei in der ›guten‹ Ecke zusammenstoßende Seiten des Fußbodens und schneiden die benötigte Anzahl zu.

2

Verlegen Sie die Kontrastfarbe dicht an die Fußleiste anstoßend. Wenn Sie selbstklebende Fliesen verwenden, ziehen Sie einfach die Folie von der Rückseite ab. Wenn Sie mit Klebstoff arbeiten, wischen Sie den zwischen den Kanten hochgedrückten Kleber sofort auf. Fortsetzen, bis die beiden Bodenseiten mit Fliesendreiecken versehen sind.

3

Die restlichen Fliesen nun im Wechsel verlegen. Die Fliesen an den gegenüberliegenden Wänden so zurechtschneiden, daß sie mit der Fußleiste abschließen. Dann die Lücken mit passend geschnittenen dunklen Dreiecken füllen. Den Fußboden mit zwei Schichten Klarlack versiegeln, dabei den ersten Auftrag über Nacht abtrocknen lassen.

Eichenblattbordüre

Eine gemalte Bordüre kann die Strenge eines einfachen Holzdielenbodens auflockern, zugleich verbindet sie verschiedene Bereiche des Raumes, ohne ihn zu beherrschen. Die Breite des Musters kann der Raumgröße angepaßt werden. Haben Sie jedoch Mut und vergrößern das Muster mindestens auf das Vierfache, denn sonst geht die Wirkung verloren.

Eichenblätter und Eicheln werden seit Jahrhunderten als Dekoration verwendet und nehmen bei Country-Motiven einen Ehrenplatz ein. William Morris, der wohl bekannteste Vertreter des englischen Jugendstils, verarbeitete zahlreiche ländliche Bäume und Pflanzen in seinen Ornamenten und entwickelte beispielsweise eine prachtvolle Tapete, die er ›Acorns‹ (Eicheln) nannte. Lassen Sie die Natur mit dieser Bordüre für sich selbst sprechen und den Raum in ein gemütliches Country-Wohnzimmer verwandeln.

Den Hintergrund sollten Sie in dunkler, matter Farbe ausmalen, da die Umrisse dabei besser hervortreten als bei einer glänzenden Oberfläche. Beginnen Sie in den Ecken und arbeiten Sie sich zur Mitte vor, legen Sie dabei mit Hilfe der Schablonen die Abstände fest. Sobald Sie die Plazierung des Motivs entworfen haben, arbeiten Sie jeweils nur an einem etwa 60 cm langen Stück und malen Sie nicht nur aus dem Handgelenk, sondern aus dem Schultergelenk heraus mit großen, runden Bewegungen, damit die Motive schön weich wirken.

MATERIAL

Mitteldicke Pappe
Sprühkleber
Cutter
Kreppklebeband
Lineal
Zeichendreieck
Matte Lackfarbe in Grauschwarz
Flächenstreicher
Weißer Fettstift oder Kreide
Weißer Teller
Gouachefarbe in Gelb, Siena und Umbra
Haarpinsel
Holzleiste oder Lineal
Strichzieher
Matter Klarlack

1

Mit dem Fotokopierer das Eichenblattmotiv aus dem Schablonenteil mindestens vierfach vergrößern (für einen großen Raum auch größer). Die Vergrößerung auf Pappe kleben und rundherum mit einem Cutter eine Schablone ausschneiden. Mit Kreppklebeband, einem Lineal und einem Zeichendreieck die Begrenzungslinien für den schwarzen Hintergrund markieren. Die Farbe mit dem Flächenstreicher auftragen und trocknen lassen.

2

In einer Ecke beginnend über die ganze Länge des Streifens das Blattmotiv mit Fettstift oder Kreide anhand der Schablone aufzeichnen. In den Ecken Stiele oder Eicheln hinzufügen. Die Schablone als Maß verwenden, damit die Motive locker und gleichmäßig aufeinanderfolgen.

3

Auf den weißen Teller als Palette die Farben in Gelb-, Siena- und Umbra-Nuancen geben, aber erst beim Malen anmischen, dadurch ergeben sich mehr Varianten bei den Farbtönen, die die Zeichnung hinterher lebendiger wirken lassen.

4
Die Blattumrisse mit Farbe ausfüllen, dabei den Farbton immer wieder variieren.

5
Zum Schluß als I-Tüpfelchen Stiele, Blattadern und Eicheln hinzufügen.

6
An einer geraden Kante entlang, etwa einer Holzleiste oder einem Lineal, die Begrenzungslinien in ca. 2,5 cm Abstand vom Rand aufmalen. Zuletzt drei bis vier Schichten Klarlack auftragen, dazwischen reichlich Trockenzeit lassen (möglichst über Nacht).

Bemalter Segeltuchteppich

Frühe amerikanische Siedler aus Europa stellten als erste Bodenbeläge aus Segeltuch her. Sie verwendeten dazu echte Segel und bemalten sie in der Art von Perserteppichen, die damals in ihrer europäischen Heimat bei reichen Kaufleuten und Adligen hoch im Kurs standen. Auf das bemalte Tuch trug man viele Schichten Leinöl auf, um den Teppich wasserabweisend und widerstandsfähig zu machen.

Die Teppiche mußten später Linoleumbelägen Platz machen, und von den alten Stücken sind leider nur einige wenige erhalten. Sie hatten keinen großen Materialwert, und wenn sie verschlissen waren, warf man sie einfach weg. Seit einiger Zeit erfreuen sie sich allerdings erneuter Beliebtheit. Dank der heute verfügbaren robusten Lacke kann man ungewöhnliche, haltbare Alternativen zu den üblichen orientalischen Teppichen schaffen.

Das Motiv für diesen Teppich ist einem Patchwork-Muster aus dem 19. Jahrhundert nachempfunden, das als ›Sonne, Mond und Sterne‹ bezeichnet wird. Doch während die Patchwork-Decke ursprünglich aus leuchtenden Grundfarben zusammengesetzt wurde, verwenden wir für den Teppich im Country-Stil etwas gedecktere Töne.

MATERIAL

Cutter oder scharfe Schere
Schweres Segeltuch oder Malleinen (Künstlerbedarf)
Bleistift
Lineal
Haltbarer Textilkleber
Reißzwecke und 1 m Schnur
Pappe
Acrylfarben in Rot, Blau und Grün
Breiter Haarpinsel, mittlere Größe
Spitzer Haarpinsel, mittlere Größe
Getönter Klarlack in der Farbrichtung
Altes Kiefernholz
Mittelgroßer Flachpinsel
Mittelkörniges Schleifpapier

1
Das Segeltuch in der gewünschten Größe zuschneiden, dabei ringsum 4 cm zugeben. Einen 4 cm breiten ›Saum‹ entlang den Kanten umschlagen und die Ecken abschrägen. Mit Textilkleber auf der Rückseite fixieren.

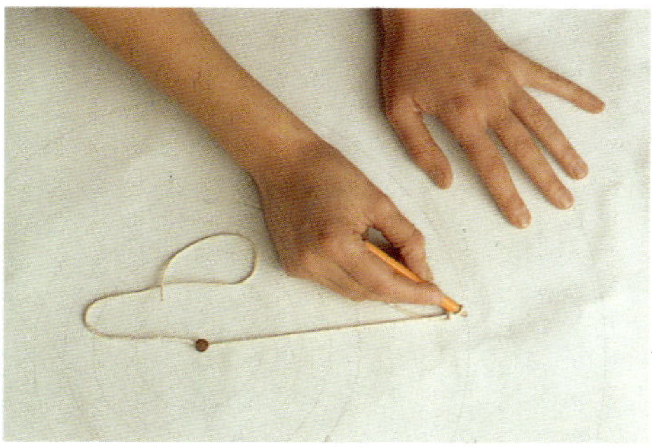

2
Entsprechend der Skizze im Schablonenteil den Mittelpunkt des Segeltuchs bestimmen und die Reißzwecke hineinstechen, die Schnur daran festbinden. Nun können Sie die fünf Kreise vorzeichnen, indem Sie die Spitze des Stifts an das andere Ende der Schnur binden und in unterschiedlichem Abstand zum Mittelpunkt bei straff gespannter Schnur fünf Ringe ziehen.

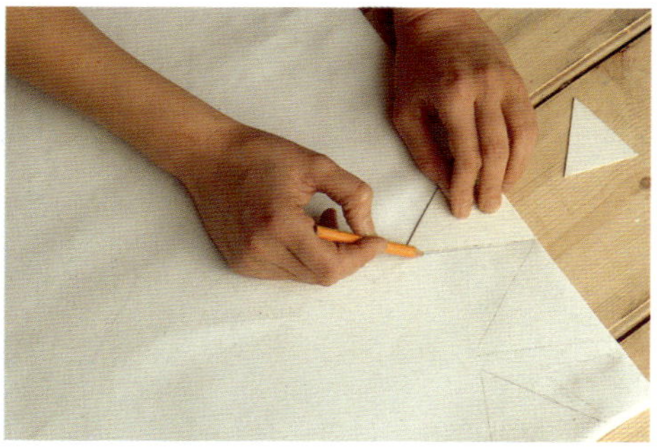

3
Aus Pappe drei verschieden große Dreiecke für die Randzacken der Mittelkreise und der Außenkante zuschneiden. Die Dreiecke einfach an den Bleistiftlinien entlangschieben und als Schablone verwenden.

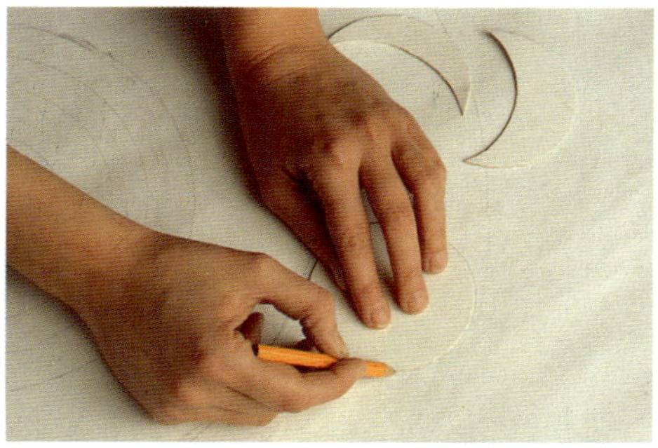

4
Aus Pappe einen Kreis ausschneiden und als Schablone für die Vollmonde verwenden. Dann sichelförmig zurechtschneiden und als Vorlage für die Halbmonde verwenden. Auch die Sterne mit Hilfe von Schablonen aufzeichnen.

5

Nun in Rot mit dem spitzen Pinsel die Konturen und Feinheiten und mit dem flachen Pinsel die Innenflächen malen.

6

Die Ringe in Hellblau und Grün ausmalen.

7

Mit einem sauberen Flächenstreicher drei bis vier Schichten Lack auftragen, zwischendurch jeweils die letzte Schicht nach dem Trocknen etwas anschleifen. Am besten jede Schicht über Nacht trocknen lassen.

Möbel

Handbemalte Möbel gehören unbedingt zum Landhausstil, doch meist bleiben sie ein schöner Traum, es sei denn, Sie haben feine alte Stücke geerbt. In Trödelläden findet man hier und da noch recht ansprechende Dinge, die mit geringen Kosten aufgearbeitet werden können. Gestalten Sie einen Tisch mit einer bunten Bordüre neu, einen Stuhl in französischer Manier mit einer umlaufenden Zierleiste – oder bauen Sie sich einfach selbst Regale oder sogar eine Anrichte für die Küche!

Ländliche Motive und Muster

Es gibt im wesentlichen drei Quellen, aus denen der Landhausstil schöpft: die Natur, lokale Traditionen und religiöse Themen. Die Natur und die vier Elemente üben dabei den nachhaltigsten Einfluß aus und sind in den Dekorationen ländlicher Häuser überall auf der Welt wiederzufinden. Blumen und Blätter sind je nach Klima verschieden, und dies spiegelt sich auch in bestimmten Mustern und Motiven, wenn auch Pflanzen wie etwa die Weinrebe schon seit der Antike immer wieder in allen möglichen Kulturen als dekoratives Element auftaucht.

Viele Früchte, Blumen und Blätter haben darüber hinaus eine symbolische Bedeutung, und auch diese wurden bei der Ausstattung von Wohnhäusern bewußt eingesetzt, um den Besitz vor bösen Mächten zu schützen oder einfach Glück zu bringen. Die Rose zum Beispiel ist das Symbol der irdischen und himmlischen Liebe, die Tulpe steht für Reichtum. Das Eichenblatt und die Eichel werden mit Wachstum und großen Erwartungen in Verbindung gebracht, während Efeu Beharrlichkeit ausdrückt. Die Sonnenblume strahlt Wärme aus und bringt stets die Sonne ins Haus, mag es draußen auch noch so frostig sein.

Auch Tiere finden sich, vor allem viele Vögel und Fische. Ob wild oder zahm, ob Nutzvieh, Haustier oder Singvogel, alle sind in ländlichen Motiven vertreten. Der Hahn gilt seit frühchristlicher Zeit als

Oben: *Die Tulpe ist ein beliebtes volkstümliches Motiv und verheißt Reichtum.*

Symbol des Glaubens. Auf dem Lande meint man allerdings sicher auch das prächtig bunte Tier, das ebenso nützlich wie (frühmorgens) nervtötend ist…

Katzen und Hunde werden häufig auf Stickereien und Bildern verewigt, ebenso Pferde und andere Nutztiere vom Bauernhof. Auf Patchwork-Decken finden sich zahlreiche Tier- und Obstmotive in sehr kunstvoll stilisierten Formen, die – eher noch als die ursprünglichen Vorbilder – den Schablonierstil inspirierten.

Religiöse Einflüsse sind vor allem in katholischen Ländern zu entdecken, wo man mehr Gewicht auf sichtbare Attribute des rechten Glaubens legt. Schreine, Altäre, Dekorationen zu Kirchenfesten und Votivgaben gehören zu den Dingen, mit denen viele Bauernhäuser etwa in Spanien, Italien und Frankreich ausgestattet sind.

Die Ernte mit den dazu gehörenden Motiven wie Ähre und Füllhorn ist in den meisten Kulturen ein beliebtes Thema. Früchte wurden in Stoffe eingewebt oder später aufgedruckt, und eine volkstümliche amerikanische Schabloniertechnik (›theorem painting‹) verwendet besonders gern Gemüse.

Eines der gängigsten Motive des Landhausstils ist das Herz, das uns in Metall gestanzt, in Holz geschnitzt oder auf Wände schabloniert allgegenwärtig entgegentritt. Es steht natürlich für die Liebe und ist ein einmalig schlichtes, wandlungsfähiges Motiv. Die Form verändert sich kaum, und dennoch kann man das Herz in tausenderlei Weise einsetzen, ohne daß es seine Wirkung einbüßt. Schon seit Jahrhunderten taucht es in zahlreichen Kulturen auf, und trotzdem findet man offenbar immer wieder neue Verwendungsmöglichkeiten dafür.

Geometrische Formen wurden Patchwork-Decken abgeschaut. Auch Sonne, Mond und Sterne sind unvergängliche, universelle Motive.

Das Schöne am Country-Stil ist die ungezwungene Art, mit der Motive, Stile und Muster bunt durcheinandergewürfelt werden. Das einzige, was man um jeden Preis meiden sollte, sind nur vorgeblich ländliche, im Grunde jedoch verfälschte Massenprodukte, denn die haben ihre wahre Seele längst im industriellen Herstellungsprozeß verloren.

Links: *Kleinteilig verzierte Oberflächen sind typisch für den Country-Stil. Ein Beispiel dafür ist diese handbemalte Schatulle.*

Rechts: *Das Herz ist ein seit alters her beliebtes Motiv. Hier wurde es mehrfach auf ein Patchwork-Tuch appliziert.*

Im Uhrzeigersinn von links oben: *Schablonenmotive verleihen diesem Stuhl einen ausgesprochen ländlichen Stil. Geometrische Muster spielen auf Stoffen eine wichtige Rolle. Die fließenden handgemalten Motive auf dieser Truhe fanden ihre Vorbilder in der Natur. In das Blechherz sind geometrische Muster gestanzt.*

Bemalter Tisch

Mit etwas Glück kann man beim Trödler mitunter noch schöne alte Tische finden: Der hier abgebildete hat ein Zehntel von dem gekostet, was man für einen neuen hätte bezahlen müssen. Einen solchen Tisch kann man sich mühelos in einer Bauernstube vorstellen, beladen mit allen möglichen Leckereien zur Teestunde. Natürlich läßt sich das Prinzip auf jeden anderen alten Tisch übertragen.

Bevor Sie Ihr Schnäppchen verzieren, müssen Sie vermutlich genau wie wir alte Farb- oder Lackschichten abziehen und etwas gegen Holzwürmer tun. Schlimmere Beschädigungen können mit Holzspachtel aufgefüllt, geschliffen und mit Lasur farblich angepaßt werden. Da alte Tischplatten oft interessanter aussehen als neue, lohnt es sich meist, sie abzuschleifen, zu beizen und neu zu lasieren. Die dunkle Lasur der Tischbeine bildet hier einen Kontrast zum roten und grünen Farbstreifen auf der Platte und rings um die Kante. Sie können versuchen, die Linie freihändig zu malen, einfacher ist es jedoch, die Begrenzungen abzukleben. Deuten Sie die Konturen zuvor mit Bleistift an, damit die Abstände an allen Seiten gleich sind.

MATERIAL

Tisch
Holzlasur in Dunkelbraun
Flacher Haarpinsel
Dispersionsfarbe in Rot und Grün
1 cm breiter Flachpinsel
Kreppband
Schellack
Bienenwachspolitur
Weiches Tuch zum Polieren

1

Den Tisch soweit nötig vorbereiten. Mit einem alten Lappen die Lasur großzügig auf die Stuhlbeine auftragen, denn sie wird vom Holz aufgesogen. Der Farbton sollte zum Schluß satt braun, fast schwarz sein.

2

Die Tischkante mit roter Dispersionsfarbe bemalen.

3

Von der Tischkante aus 5 cm abmessen und ringsum einen Streifen Kreppband auf die Platte kleben. Im Abstand von 2 cm dazu parallel den zweiten Streifen rings um die Tischplatte kleben.

4

Den Zwischenraum mit grüner Dispersionsfarbe bemalen und trocknen lassen.

5

Den Tisch mit zwei Schichten
Schellack überziehen.

6

Zum Schluß den Tisch mit Bienenwachs-
politur einreiben und mit einem weichen,
sauberen Tuch auf seidigen Glanz polieren.

Bemalte Truhe

Bis ins 18. Jahrhundert gab es keine Braut, die ohne ihr besticktes Leinen die Ehewohnung bezogen hätte. Die Aussteuertruhe hatte meist ihr Vater selbst angefertigt, liebevoll geschnitzt und bemalt. Hochzeitsbräuche gaben Anlaß für viele mit handwerklichem Geschick gefertigte ländliche Dinge, eine ansehnliche Mitgifttruhe jedoch war am wichtigsten. Dieser Brauch wurde von den ersten Siedlern, die nach Amerika gelangten, noch lange Zeit gepflegt.

Die Truhe hier im Bild zeigt Einflüsse sowohl aus der alten wie auch der neuen Welt. Die Form ist englisch, die Bemalung jedoch einer alten amerikanischen Aussteuertruhe nachempfunden. Die großen Formen sind streng geometrisch und bilden einen schönen Kontrast zu den Tupfen, die zum Schluß als Oberflächenstruktur locker aufgesetzt wurden. Man kann mit diesem Muster jede alte oder neue Wäschetruhe bemalen und mit getöntem Klarlack eine ›Patina‹ erzielen. Das Aufwendigste an der Verzierung der Truhe ist die exakte Vorzeichnung der Motive, doch es lohnt sich, die Proportionen in aller Ruhe korrekt zu ermitteln. Das Kämmen mit dem Spachtel und das Auftupfen gehen danach sehr schnell von der Hand. Nicht nur Profis können sich also an so ein wunderbares Stück wagen.

MATERIAL

Wäschetruhe
Ggf. Schellack
Dispersionsfarbe in Graublau und Elfenbein
Diverse mittelgroße Pinsel
Pauspapier
Zirkel
Lineal
Getönter Klarlack in der Farbrichtung
Altes Kiefernholz
Zahnspachtel
Sauberes feuchtes Tuch

1
Wenn Sie ohne Grundierung auf dem Holz arbeiten, versiegeln Sie die Oberfläche zunächst mit Schellack.

2
Streichen Sie die Truhe mit der graublauen Dispersionsfarbe. Pausen Sie die Motive von den Schablonenseiten ab, vergrößern sie und benutzen sie als Vorgaben für die Plazierung der Kontrastflächen. Die Felder mit Zirkel und Lineal vorzeichnen.

3
Alle Motivflächen mit Dispersionsfarbe in Elfenbein ausmalen.

4
Zunächst nur auf eines der Felder eine dicke Schicht Acryllack aufbringen.

5

Den Lack rasch mit Hilfe des Zahnspachtels mit einem Rillenmuster versehen, das der Form des Feldes angepaßt sein soll. Den Spachtel zügig in einem Schwung durch den feuchten Lack ziehen und zwischendurch abwischen, damit sich kein Lack ansammelt. Bei den übrigen Feldern wiederholen.

6

Die gesamte Truhe mit einer Schicht Lack überziehen und sofort danach mit einem gerade eben feuchten Tuch, das Sie zu einer Kugel zusammenknüllen, runde ›Flecken‹ in die Oberfläche drücken.

Bemalte Bank

Eine Bank wie diese sollte eigentlich in jedem Haushalt stehen, damit man unverhoffte Gäste noch zur Familie an den Eßtisch quetschen kann oder um es sich an der Hintertür zum An- und Ausziehen der Stiefel bequem zu machen. Die hier gezeigte Bank hat ein Zimmermann nach einer Abbildung in einem Buch über alte Country-Möbel angefertigt.

Die schlichte, augenzwinkernd folkloristische Dekoration läßt sich ohne weiteres auf jede andere Sitzbank übertragen, und selbst moderne, funktionale Möbel werden dadurch ›runder‹ und bekommen einen Hauch von rustikalem Handwerk.

MATERIAL

Bank
Mittelkörniges Schleifpapier
Schellack
Diverse mittelgroße Pinsel
Dispersionsfarbe in Dunkelrot, dunklem Graublau und hellem Blaugrün
Schwämmchen
Getönter Klarlack in der Farbrichtung
Altes Kiefernholz
Matter Klarlack

1
Das unbehandelte Holz abschleifen und mit einer Schicht Schellack versiegeln.

2
Die Beine mit dunkelgraublauer Dispersionsfarbe direkt auf das Holz streichen.

3
Den Sitz mit dunkelroter Dispersionsfarbe streichen.

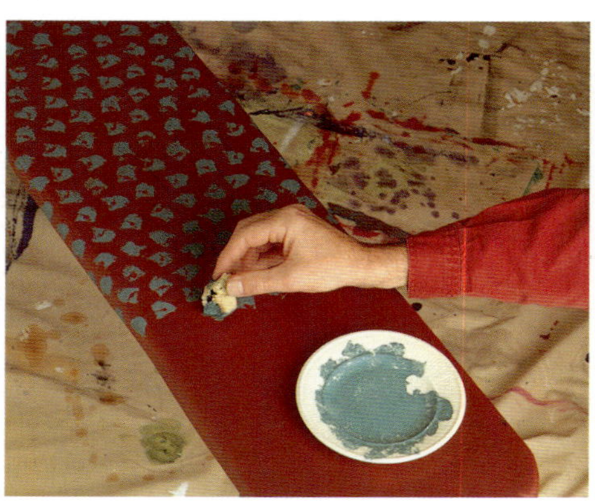

4
Mit dem Schwämmchen blaugrüne Tupfen gleichmäßig auf der ganzen Sitzfläche verteilen.

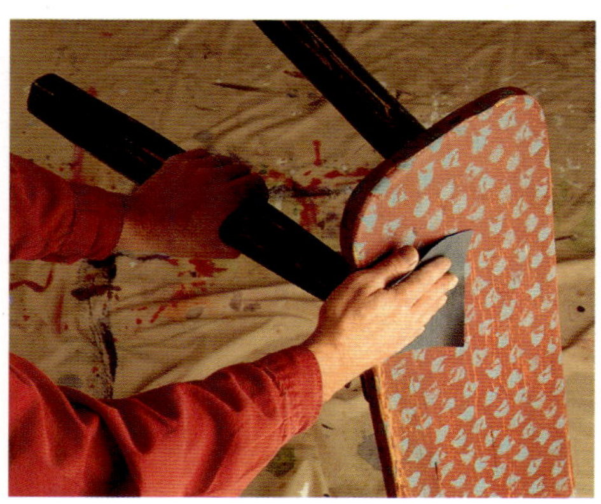

5
Wenn die Farbe trocken ist, Sitzfläche und Kanten mit Schleifpapier abschmirgeln, damit die Bank so aussieht, als sei sie ›abgewetzt‹.

6
Die ganze Bank mit einer Schicht getöntem Klarlack überziehen, zwei weitere Schichten matten Klarlack darüberstreichen.

Wandleiste nach Art der Shakers

Die Shakers waren eine religiöse Gemeinschaft, deren Ideale einen Möbelstil förderten, der größtmögliche Schlichtheit mit ansprechender Form verband. Sie hielten Ornamente als Selbstzweck für überflüssig und waren überzeugt, daß Gebrauchsgegenstände funktional und handwerklich möglichst perfekt sein sollten. Ihren Namen bekamen die Shakers wegen der ekstatischen Bewegungen, die ihre Gebete begleiteten.

Hakenleisten waren ein typisches Element von Shakers-Häusern. Man hängte alles mögliche daran, sogar die Stühle, damit sie nicht im Weg herumstanden, wenn man sie nicht brauchte. Unsere Wandleiste ist eine äußerst preiswerte, einfache Kopie der echten Shakers-Stücke, und was ihr an handwerklicher Perfektion fehlt, macht sie an Funktionalität wieder wett.

Wir haben ein Kiefernbrett als Leiste und einen zersägten Besenstiel für die Haken verwendet. Man kann eine solche Leiste überall im Haus gebrauchen, vor allem natürlich im Flur, im Kinderzimmer und im Bad. Die Farbgebung entspricht nicht unbedingt den Shakers-Vorbildern, kaschiert aber die bescheidene Herkunft dessen, woraus die Wandleiste besteht.

MATERIAL

Kiefernbrett von 2,5 cm Dicke
Lineal
Säge
Hobel
Bohrmaschine mit Fräse für die Vertiefungen
1 oder 2 Besenstiele, je nach Länge
Mittelkörniges Schleifpapier
Holzleim
Holzblock und Hammer
Schellack
Diverse mittelgroße Pinsel
Acrylfarbe in Graublau
Getönter Klarlack in der Farbrichtung
Altes Kiefernholz
Ggf. Terpentinersatz
Wasserwaage
Wanddübel und lange Schrauben

1

Das Holz ausmessen und auf die gewünschte Länge zuschneiden. Glatthobeln und die Kanten abrunden.

2

Die Stellen markieren, wo die Haken angebracht werden sollen. Der Abstand beträgt hier jeweils 20 cm, kann aber je nach Länge der Leiste abgewandelt werden.

3

Vertiefungen von 1,5 cm für die Haken ins Holz fräsen.

4

Die Besenstiele in 13 cm lange Stücke zersägen. Die Ränder mit Schmirgelpapier glätten.

5
Holzleim in die Vertiefungen geben und die Haken mit Hilfe des kleinen Holzbretts und des Hammers fest einschlagen.

6
Die Oberfläche mit einer Schicht Schellack versiegeln.

7
Die Leiste blau streichen.

8
Mit mittelkörnigem Schleifpapier das Holz an den Kanten blanklegen.

9
Die ganze Leiste mit einer Schicht des kiefernfarben getönten Klarlacks überziehen. Einen Lappen in Terpentinersatz (bei Polyurethanlack) beziehungsweise Wasser (bei Acryllack) tauchen und den Klarlack teilweise abwischen. Im Abstand von 40 cm Löcher durch die Leistenrückwand bohren, mit einer Wasserwaage die Position an der Wand markieren und andübeln.

Bemalter Stuhl

Es lohnt sich immer, besondere Einzelstühle zu kaufen, denn in der Regel sind sie sehr preiswert, vor allem, wenn sie erst noch aufgearbeitet werden müssen. Vier eigentlich nicht zusammengehörige, aber gleich bemalte Stühle kann man ohne weiteres zu einem netten ›Set‹ zusammenstellen – der Effekt ist klarer, freundlicher Landhausstil.

Dieser Stuhl mit seinem binsenbespannten Sitz und den gebogenen Konturen, die sich für eine farbig abgesetzte Linie geradezu anbieten, ist typisch für den französischen Landhausstil. Er ist robust und zugleich bequem, zumal der Sitz dick gepolstert ist. (Bevor Sie einen Stuhl kaufen, sollten Sie darauf ›probesitzen‹, denn manche Stühle sind nach den Körpermaßen bestimmter Leute angefertigt und passen nicht zu jedem!)

Farbe belebt jedes Möbelstück. In diesem Fall wählten wir ein mit Blau abgesetztes leuchtendes Gelb, das an die Palette des Impressionisten Monet erinnert und dadurch den französischen ›Touch‹ des Stuhls betont. Es lohnt sich, für die Vorbereitung des Holzes etwas Zeit aufzuwenden, auch wenn Sie dazu mehrere Farbschichten abziehen müssen. Wenn Sie den Stuhl fachgerecht abbeizen (lassen), müssen auch die Verbindungsstellen neu verklebt werden, weil die Lauge nicht nur die Farbe, sondern auch den Leim auflöst.

MATERIAL

Ländlicher Stuhl
Mittelkörniges Schleifpapier
Vorstreichfarbe
Diverse mittelgroße Pinsel
Ggf. Schellack und Holzgrundierung
Seidenmatte Lackfarbe in Gelb
Stahlwolle
Harter Bleistift
1 Tube Maler-Ölfarbe in Ultramarinblau
Terpentinersatz
Strichzieher
Getönter Klarlack in der Farbrichtung
Altes Kiefernholz

1

Den Stuhl, sofern er nicht abgebeizt wurde, gründlich abschleifen und vorstreichen. Wurde der Stuhl jedoch abgebeizt, überzieht man ihn mit einer Schicht Schellack und Holzgrundierung. Den Stuhl gelb streichen.

2

Wenn die Farbe vollständig trocken ist, mit Stahlwolle an den Kanten anschleifen, um einen altersbedingten ›Verschleiß‹ vorzutäuschen. Mit einem Bleistift die Linie entlang den Rundungen des Stuhls vorzeichnen.

3

Die Ölfarbe mit Terpentinersatz im Verhältnis 3 : 1 anmischen. Die Farbe muß geschmeidig auftragbar, ihr Fluß zugleich aber gut steuerbar sein. Wenn die Masse Ihnen zu flüssig ist, geben Sie mehr Ölfarbe hinein. Üben Sie das Linienziehen mit dem Malpinsel auf Schmierpapier oder Holz. Stützen Sie die Hand, die den Pinsel hält, mit der freien Hand. Zum Strichziehen brauchen Sie Selbstvertrauen, und das kommt mit der Übung von selbst. Malen Sie auch Linien auf Stuhlbeine, Rücken und rings um den Sitz.

4

Nach dem Trocknen die blaue Farbe ebenso wie zuvor die gelbe an einigen Stellen mit Stahlwolle anschleifen.

5

Zum Schluß ein bis zwei Schichten Klarlack auftragen, damit die Farbe etwas gedämpft und zugleich geschützt wird.

Vorratsschränkchen

Solche Schränkchen wurden früher in Amerika benutzt, man ließ darin frisch gebackene Kuchen und Pies abkühlen. Die Türen sind aus dekorativ gestanztem Blech hergestellt, so daß keine Fliegen eindringen konnten. Man nannte so einen Schrank auch ›Torten-Safe‹, weil er meist mit einem Schloß ausgestattet war, diesmal aber als Schutz vor kleinen Leckermäulern, die vom köstlichen Duft angelockt wurden...

Wir stellten einen solchen ›Torten-Safe‹ aus einer alten Kiefernanrichte her, indem wir die hölzernen Türfüllungen durch Bleche ersetzten. Walzbleche kauft man direkt bei Metallbaubetrieben oder versucht es notfalls in der Eisenwarenhandlung oder über die Gelben Seiten (unter ›Bleche‹). Im Umgang mit den Blechen ist Vorsicht geboten, da die Kanten sehr scharf sind. Am besten überklebt man sie von vornherein, damit nichts passiert.

Das Muster wird mit Hammer und Nagel ausgestanzt, für längere Linien eignet sich auch ein Meißel. Unser hier abgebildetes Muster entstand nach traditionellen Vorbildern, Sie werden jedoch sicher Ihren eigenen Stil finden, wenn Sie sich erst einmal damit befassen. Wenn das Schränkchen für die Küche gedacht ist, sollten Sie die Rückseite des gestanzten Blechs mit einer Schutzplatte verkleiden, damit sich niemand an den scharfen Kanten verletzt. Um den störend neuen Glanz der Oberfläche abzumildern, reiben Sie das Blech mit Essig ein.

MATERIAL

Alte Anrichte mit Paneeltüren
Pauspapier
Mittelkörniges Schleifpapier
Ggf. Schellack
Stahlblech (Blechstärke 24 oder 26) in passender Größe mit 1 cm Zugabe an allen Seiten
Ggf. Zange und Blechschere
Kreppklebeband
Zirkel oder Umdruckpapier
Fettstift
Hammer, verschieden starke Nägel, Schraubenzieher und Meißel
Ggf. Material zum Verkleiden, z. B. Hartfaserplatten
Paneelstifte
Acryllack in Tannengrün
Getönter Klarlack in der Farbrichtung Altes Kiefernholz
Mittelgroßer Flachpinsel

1

Die Leisten abnehmen und die Füllungen aus den Türen der Anrichte lösen. Die Öffnungen ausmessen und mit Pauspapier ein Musterblatt herstellen. Die Anrichte mit Schleifpapier abschmirgeln. Falls sie abgebeizt wurde, sollten Sie sie zunächst mit einer Schicht Schellack versiegeln, dann mit der Acrylfarbe überstreichen. Das Blech müssen sie exakt zugeschnitten kaufen. Die scharfen Kanten ringsum etwa 1 cm breit mit Kreppband abkleben, um Verletzungen zu verhüten.

2

Das Motiv mit Hilfe eines Zirkels auf der Blechoberfläche vorzeichnen. Wenn Ihnen das zu schwierig ist, zeichnen Sie das Muster vor und übertragen es mit Umdruckpapier auf das Blech. Weitere Motive mit dem Fettstift einzeichnen.

3

Üben Sie das Ausstanzen zunächst an einem Stück Blechabfall, etwa dem Deckel einer Keksdose, um herauszufinden, wie fest Sie auf den Nagel schlagen müssen, um ein Loch zu stanzen oder um die Oberfläche nur einzudellen. Legen Sie dicke Pappe, ein altes Handtuch oder eine Decke unter das Blech, um den Lärm zu dämpfen und die darunterliegende Fläche zu schützen. Dann das Muster ausstanzen.

4

Die fertigen Bleche einsetzen. Falls Sie die Rückseiten verkleiden möchten, setzen Sie auch diese Platten ein und nageln Sie die Leisten wieder an. Rings herum im Abstand von 10 cm kurze Paneelstifte einschlagen, damit die Türfüllungen fest verankert sind.

5

Nun die Kanten des ›Torten-Safes‹ anschleifen, damit er ›antik‹ wirkt. Das Holz mit dem getönten Lack überziehen.

Wandbord mit Haken

Dieses große Wandbord mit Haken paßt in die Küche, den Flur oder ein geräumiges Badezimmer. Es ist ganz einfach herzustellen, man braucht dazu nicht mehr als etwas handwerkliches Geschick und gängiges Werkzeug. Je nach Holz bemalt oder lackiert, ist so ein Regal überall ebenso ansprechend wie praktisch.

Das beste Material für ein Regal ist altes Kiefernholz, etwa von Dielenfußböden. Abbruchfirmen oder Baumärkte haben oft solches Altholz im Sortiment, allerdings ist es meist teurer als frisches Kiefernholz. Wenn Sie das Bord farblos lackieren möchten, lohnt sich der Mehrpreis allemal. Wenn Sie es bemalen wollen, können Sie zumindest die Rückwand aus frischem Holz anfertigen.

Das Schönste an diesem Bord sind die ausladenden Wangen, die alten Vorbildern aus dem Lagerraum eines Bauernhofes nachempfunden sind. Sie wurden mit einer elektrischen Stichsäge aus einer alten Kieferntür geschnitten. Die Wangen stützen das Bord und verteilen das Gewicht. Allerdings sollte das Bord in jedem Fall mit langen Stahlschrauben fest in solides Mauerwerk gedübelt werden.

Regale dieser Art sind in ländlichen Gebieten Osteuropas sehr verbreitet. Als Aufhänger kann man neue Kleiderhaken aus Messing oder Schmiedeeisen verwenden, noch schöner wäre es natürlich, wenn Sie ein paar alte Stücke aufstöbern könnten. Allerdings wird man sie letzten Endes ohnehin kaum sehen, da sich an Haken bekanntlich alles mögliche und unmögliche ansammelt!

MATERIAL

Pauspapier
Kiefernholzplatte, 34 x 18 cm groß und 3 cm dick, für die Wangen
Elektrische Stichsäge
Bohrmaschine mit Bohrern Nr. 5 und 6
Kiefernbrett, 100 x 15 cm groß und 2 cm dick, für die Rückwand
Kiefernbrett, 130 x 22 cm groß und 2 cm dick, für das Regalbrett
Holzleim
Holzschrauben
Schellack
Mittelgroßer Flachpinsel
Pinsel, 2,5 cm breit
Dispersionsfarbe in Graublau, Aqua und Jadegrün
Sauberer, feuchter Lappen
Stahlwolle
Mittelkörniges Schleifpapier
6 Kleiderhaken
Dübel, 8 mm
3 lange Schrauben

1

Die Form der Wange von den Schablonenseiten abpausen und vergrößern, bis die Längsseite 33,5 cm mißt. Diese Form auf das Holz übertragen, so daß der rechte Winkel in einer Ecke liegt. Die Schablone wenden und spiegelverkehrt die zweite Wange in der gegenüberliegenden Ecke aufzeichnen. Beide Formen mit der Stichsäge ausschneiden. Bohren Sie zwei 5 mm starke Löcher durch die Rückwand in die Wangen hinein und zwei weitere durch das Regalbrett in die Wangen. Alle Ansatzstellen mit Holzleim bestreichen und die Teile mit Holzschrauben zusammenfügen.

2

Das ganze Bord mit einer Schicht Schellack überziehen.

3

Mit dem 2,5 cm breiten Pinsel eine Schicht der graublauen Dispersionsfarbe auftragen.

4

Nach dem Trocknen diese Schicht mit Dispersionsfarbe in Aqua überstreichen.

5

Sofort danach mit einem feuchten Tuch die Farbe an einigen Stellen wieder abwischen.

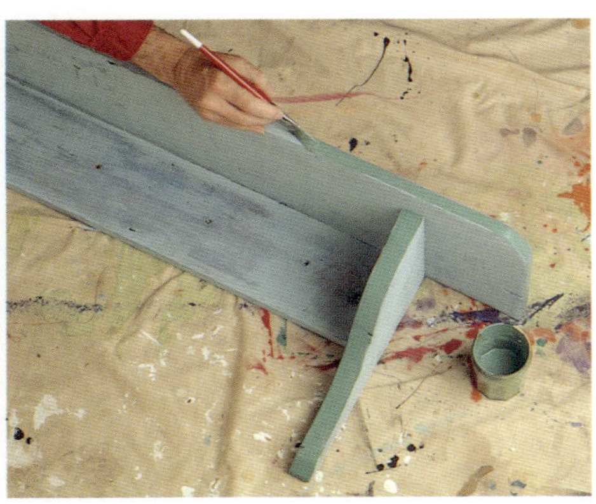

6

Die Kanten des Bords und der Wangen mit Jadegrün absetzen.

7

Mit Stahlwolle die Farbe nach dem Trocknen an einigen Stellen anschleifen, so daß die Holzmaserung an den Kanten zum Vorschein kommt.

8

Zum Schluß mit dem mittelkörnigen Schleifpapier anschmirgeln, bis die Maserung sichtbar wird. Die Haken anschrauben. Das Bord mit langen Schrauben und Dübeln durch die Rückwand in der Wand verankern.

Bemalte Anrichte

In den Augen der meisten Menschen sind Anrichten wohl am ehesten typische Möbelstücke des Country-Stil. Ein rustikaler Unterschrank mit einem Geschirraufsatz ist in der Tat eine ganz besondere Augenweide.

Die Anrichte wurde von einem Tischler bei uns am Ort aus gebrauchtem Kiefernholz gezimmert, man kann aber ebensogut eine Kommode mit einem kleinen Bücherregal kombinieren. Beide Teile müssen natürlich optisch zusammenpassen, das heißt Höhe und Tiefe des Regals müssen mit der Breite des Unterschranks harmonieren. Mit starken Stahlklammern kann man beides auf der Rückseite unsichtbar und zugleich solide verbinden und so die Illusion verstärken, beides habe schon von jeher untrennbar zusammengehört.

Die ›verwaschene‹ Oberflächenwirkung wird dadurch erzielt, daß man die Farbe ohne Vorstrich direkt auf das Holz aufträgt und nach dem Trocknen mit Schleifpapier und Stahlwolle stellenweise bis auf das blanke Holz wieder anschleift. Sie können statt dessen auch vor dem Bemalen an einigen Stellen das Holz mit Kerzenwachs behandeln, dort deckt dann die Farbe nicht.

MATERIAL

Anrichte oder Kombination von Unterschrank und Regal
Schellack
Diverse mittelgroße Pinsel
Dispersionsfarbe in Graublau, ggf. Ziegelrot und Elfenbein
Ggf. Haushaltskerze
Mittelkörniges Schleifpapier und Stahlwolle
Getönter Klarlack in der Farbrichtung
Altes Kiefernholz

1

Das unbehandelte Holz mit einer Schicht Schellack versiegeln.

2

Die Anrichte in Richtung der Maserung mit graublauer Farbe streichen und durchtrocknen lassen.

3

Falls gewünscht, vor dem Auftragen der zweiten Farbe die Kanten mit der Kerze abreiben.

4

Das Wachs verhindert, daß die zweite Farbe überall haftet, und erzeugt so den Eindruck jahrelangen Gebrauchs.

5
Die Rückwand des Regals in Elfenbein streichen, auch hier in Richtung der Maserung.

6
Nach dem Trocknen die Farbe mit Schleifpapier und Stahlwolle an einigen Stellen bis zum blanken Holz anschleifen, um einen nostalgischen ›Abnutzeffekt‹ zu erwecken.

7
Zum Schluß die ganze Anrichte mit einer Schutzschicht aus kiefernfarbenem Klarlack überziehen.

INSTRUCTIONS

Dekorelemente

Kleinigkeiten und Details vervollständigen den Raum im Landhausstil. Kerzenständer und Wandleuchter, in warmen Farben bemalte Vorratsdosen, Körbe, Kupfertöpfe und und kopfunter von Fleischerhaken hängende Trockenblumensträuße – all das gehört einfach in die Bauernküche. Diese und andere Stücke, die wir Ihnen vorstellen, sind leicht zu machen und geben Ihrem Heim im Nu die gemütliche Note eines Landhauses.

Die Details bestimmen den Ton

Wenn Sie Ihr Haus erst einmal mit Wandanstrichen, Möbeln und Fußböden im Landhausstil ausgestattet haben, ist es Zeit für die Details, die die Räume lebendig machen. Das Sammeln jener ›Fundstücke‹, die dem Heim eine persönliche Note verleihen, dauert jedoch seine Zeit. Oft kommt es nur darauf an, zur rechten Zeit am rechten Ort zu sein. Selbst wenn Sie ein unbegrenztes Vermögen zur Verfügung hätten, so daß Sie sich massenhaft folkloristische Dinge leisten und Ihr Haus vom Innenarchitekten im Country-Stil einrichten lassen könnten, würden Sie sich nur um das Vergnügen bringen, das Sie an der Fertigung Ihrer eigenen Accessoires haben werden.

Die in diesem Kapitel vorgestellten Arbeiten bieten etwas für jedes Talent und jeden Geschmack, gleichgültig, ob Sie lieber mit Nadel und Faden, Tischlerwerkzeug oder Pinsel und Farbe umgehen.

Ein einfacher Besenstiel kann zu einem ›Aufhänger‹ für Körbe werden, und ausgeschnittene nostalgische Bilder machen ein einfaches Tablett zu einem kleinen Kunstwerk, das man sich ohne weiteres an die Wand hängen kann.

Regale können mit Spitze, Bändern, Papier oder sogar geprägtem Leder verziert werden, so daß sich funktionale und dekorative Elemente die Waage halten.

Oben: *Die Kerzenflammen spiegeln sich prächtig in diesem Wandleuchter aus geprägtem Blech.*

Wenn Sie sogar Lust haben, die Regale selbst zu zimmern, stellen Sie sich mit einem Tischler in Ihrer Nähe gut, denn es lohnt sich immer, nach gebrauchtem Holz Ausschau zu halten, etwa nach alten Fußbodendielen aus Kiefernholz, die in Ausdruckskraft und Färbung einzigartig sind.

Kerzenlicht ist unentbehrlich für eine wohnliche Atmosphäre, sei es in Form hölzerner Kerzenständer oder eines rustikalen Wandleuchters. In jedem Fall verleihen Sie dem Raum ein ausgefallenes, handgemachtes I-Tüpfelchen. Fassen Sie die vorgestellten Ideen als Anregungen auf, die Sie nach Ihren Farbvorstellungen abwandeln können; entwickeln Sie eigene Muster, damit die Dinge Ihren ganz persönlichen Geschmack spiegeln.

Die bestickte Blende sieht toll aus, ist aber eigentlich ganz leicht und ohne große Vorkenntnisse zu sticken. Man zeichnet einfach im Kettenstich alle Konturen nach und stickt die Bögen im Plattstich. Wer im Sticken Übung hat, kann die Motive etwas komplexer gestalten und den Hintergrund ebenso wie die Küchengeräte mit Zierstichen in verschiedenen Farben ausfüllen.

Auch für die Patchwork-Decke braucht man nur Grundkenntnisse im Nähen. Das Muster hängt davon ab, welche Stoffe Sie verwenden. Die erfahrene Näherin wird wahrscheinlich Lust haben, ein komplizierteres Muster aus unterschiedlich geformten Teilen zusammenzusetzen. Doch schon der ganz einfache Überwurf, den wir Ihnen zeigen, ist bezaubernd. Am dekorativsten wirkt das gute Stück locker über einen Stuhl geworfen. An einem kalten Winterabend werden Sie seine kuschelige Wärme zu schätzen wissen.

Es gibt viele Arten von ländlichem Kunsthandwerk, die man erlernen und perfektionieren kann, etwa das Körbeflechten, Weben oder Schnitzen von Lockenten. Wenn Sie Zeit haben zu lernen, wie man solche Dinge mit traditionelle Methoden macht, wird das Ihren Horizont enorm erweitern. Unsere Vorschläge zeigen Ihnen, wie man rasch zum Ziel kommt und interessante Effekte erreicht, doch das ist ein guter Ausgangspunkt für kreatives Arbeiten nach eigenen Ideen. Wenn Sie erst einmal gemerkt haben, wieviel Freude es macht, Dinge selbst herzustellen und anderen vorzuführen, werden Sie es sicherlich nicht mehr missen wollen.

Links und rechts: *Schönheit und Funktionalität sind die Grundsätze der Country-Einrichtung. Die Gerätschaften werden griffbereit aufbewahrt. Trockene Vorräte lagert man am besten in farbenfroh bemalten Blechdosen.*

Im Uhrzeigersinn von links oben: *Das bemalte Salzfaß, die Puppe im Shakers-Stil und der lackierte Holzkorb geben der Anrichte ein Country-Flair. Nähutensilien sind in dieser Holzschachtel ordentlich aufgehoben. Die lustigen Figuren beleben die Tellersammlung. Eine bemalte Blechlaterne, mit Bienenwachskerzen kombiniert, bietet ein wohnliches Bild.*

Wandleuchter

Dieses stilvolle Accessoire hatte früher in jedem Haushalt eine wichtige Funktion, und unsere Vorfahren würden wahrscheinlich verständnislos den Kopf schütteln, wüßten sie, daß wir das warme Kerzenlicht den Annehmlichkeiten der elektrischen Glühbirne geopfert haben. Doch angesichts der modernen Technik sehnen wir uns um so mehr nach einer romantisch flackernden Kerzenflamme.

MATERIAL

Altes Holzscheit
Säge
Hammer
Messingstifte und schwarze Polsternägel
Holzleim
Nägel

1

Das Holz in zwei Teile zersägen, die später im rechten Winkel aneinandergeklebt werden. Für das Muster zunächst die senkrechte Mittelreihe aus Polsternägeln einschlagen, dann das Motiv zu den Seiten erweitern.

2

Pfeile, Rauten und Kreuze bilden, dabei die Kontrastwirkung zwischen den messingfarbenen und schwarzen Nagelköpfen ausnutzen.

3

Die Sägefläche der Grundplatte mit Holzleim bestreichen und mit dünnen Stiften durch die Rückseite der senkrechten Platte annageln.

Tablett mit Ausschneidebildern

Ein Tablett kann man leicht so verschönern, daß es auch als Dekoration zu dienen vermag. Für das hier gezeigte Tablett haben wir alte Werkzeuge ausgeschnitten und aufgeklebt, Sie können aber nach dieser Methode jedes andere Motiv verwenden.

Das Ausschneiden und Aufkleben von Bildern haben wir alle als Kinder zwischen fünf und zehn Jahren schon gern gemacht. Als Erwachsene gehen wir sehr wahrscheinlich etwas gezielter an die Sache heran, es macht aber ebensoviel Spaß.

Das Wichtige ist zum einen das akkurate Ausschneiden und zum anderen der Lacküberzug. Echte Könner bringen es auf 30 Schichten, wobei sie zwischen den Aufträgen mit sehr feinem Schmirgelpapier nachschleifen. Dadurch sollen die unbeklebte Oberfläche und die Motive zunächst die gleiche Höhe erhalten, während die späteren Schichten dem Bild Tiefenwirkung verleihen. Zum Schluß kann man Krakelier-Lack und antik getönten Klarlack auftragen. Im Endeffekt sollte sich das Tablett angenehm anfühlen und ›echt‹ aussehen.

MATERIAL

Tablett
Dispersionsfarbe in Maisgelb
Mittelgroßer Flachpinsel
Feinkörniges Schleifpapier
Fotokopierte Motive zum Ausschneiden
Spitze Schere oder Cutter
Tapetenkleister und Pinsel
Weiches Tuch
Neuer Pinsel zum Klarlackieren
Seidenmatter Klarlack
Ggf. Krakelier-Lack
1 Tube Maler-Ölfarbe in Dunkelbraun

1
Das Tablett vorbereiten: Mit Maisgelb als Grundfarbe streichen. Nach dem Trocknen die Oberfläche mit feinem Schleifpapier anschleifen.

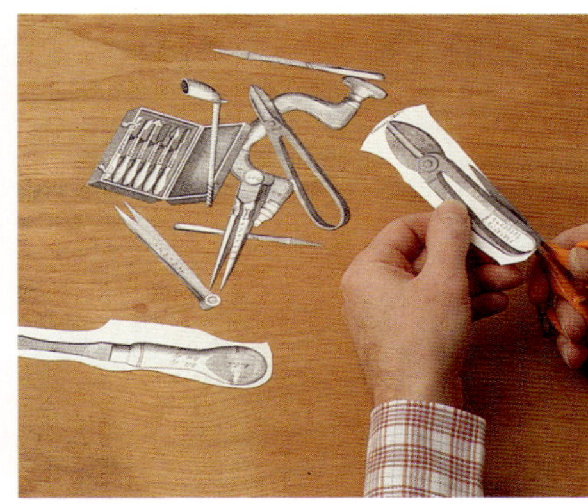

2
Die Papiermotive exakt ausschneiden, dabei das Papier zur Schere drehen oder mit einem Cutter auf einer stabilen Oberfläche arbeiten, jeweils mit möglichst flüssigen Bewegungen.

3
Die ausgeschnittenen Teile auf der Rückseite bis zu den Rändern mit Tapetenkleister bestreichen.

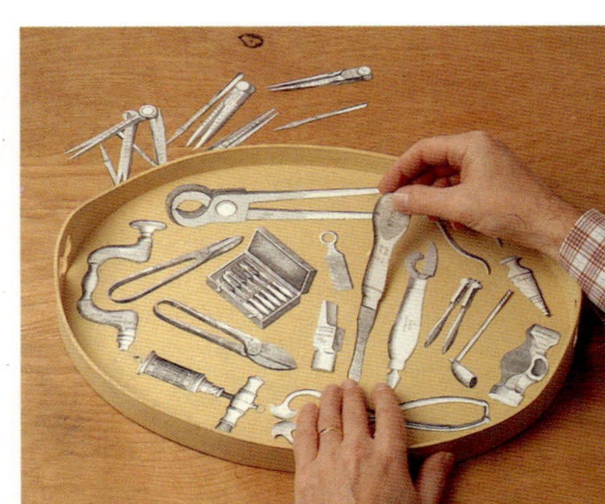

4
Auf das Tablett kleben.

Fortsetzung auf der nächsten Seite

5

Mit einem weichen Tuch alle Luftblasen ausstreichen. Seien Sie vorsichtig, das feuchte Papier reißt leicht ein. Über Nacht trocknen lassen.

6

Mit einem noch ungebrauchten Pinsel lackieren. Den Lack sparsam auf der ganzen Oberfläche des Tabletts verstreichen. Nach dem Trocknen mit feinem Schleifpapier anschleifen und diese Arbeitsgänge möglichst so oft wiederholen, bis eine ebene Oberfläche erreicht ist.

7

Bei unserem Beispiel haben wir die effektvolle Wirkung des Tabletts noch durch einen Krakelier-Lack erhöht. Dieser Speziallack wird von mehreren Herstellern angeboten. Am besten hält man sich an die Anweisungen auf der Dose. Hier wird gerade der Grundierungslack auf das Tablett aufgetragen.

8

Nach dem Trocknen der Grundierung (20 Minuten) eine gleichmäßige Schicht Krakelier-Lack auftragen und weitere 20 Minuten trocknen lassen.

9

Mit einem Baumwolltuch ein wenig Ölfarbe in die Risse reiben. Wir haben Dunkelbraun verwendet, weil es natürlich ›alt‹ wirkt, im Prinzip eignet sich aber jede andere Farbe.

10

Sobald die Risse gefärbt sind, die überschüssige Farbe mit einem weichen Tuch von der Oberfläche abwischen.

11

Noch mindestens zweimal mit seidenmattem Klarlack überziehen, wenn Sie ausreichend Zeit und Geduld aufbringen, auch gern öfter.

Hölzerne Kerzenständer

Die beiden aufeinander abgestimmten Kerzenständer wurden aus den Stäben eines alten Treppengeländers gefertigt. Auf diese Weise kommt man an gedrechselte Holzteile, ohne selbst eine Drehbank zu benötigen. Holzhandlungen und manche Baumärkte bieten solche Geländerstäbe einzeln an.

Als einziges Spezialwerkzeug benötigen Sie einen flachen Bohraufsatz (Scharnierlochbohrer), mit dem man die Vertiefung für die Kerze in das Kopfstück des Kerzenständers fräsen kann.

Die Kerzenständer wurden in warmen Erdfarben bemalt, die auf jeden rustikal gedeckten Tisch wunderbar passen.

MATERIAL

Säge
2 hölzerne Geländerstäbe (gebraucht oder neu)
2 quadratische Holzplättchen
Mittel- und feinkörniges Schleifpapier
Holzleim
Schraubstock
Bohrmaschine mit Scharnierlochbohrer
Acrylfarbe in Leuchtendgelb, Rot und ungebrannter Umbra oder gebrannter Siena
Mittelgroße und feine Pinsel
Matter Acryl-Klarlack
Weiches, sauberes Tuch

1
Das interessanteste Teilstück aus dem Geländerstab heraustrennen und eine quadratische Grundplatte zuschneiden (in diesem Fall 7,5 x 7,5 x 3 cm groß). Die Unterseite des Stabes mit Schleifpapier aufrauhen.

2
Die Kanten der Grundplatte an einer Seite mit feinkörnigem Schleifpapier ganz leicht abschrägen. Die beiden Teile mit Holzleim zusammenkleben.

3
Den Kerzenständer in den Schraubstock einspannen und die Öffnung für die Kerze bohren (2 cm Durchmesser, 2 cm tief).

4
Zwei oder drei Schichten Acrylfarbe in Leuchtendgelb auftragen.

5
Eine Schicht orangefarbene Acrylfarbe auftragen (die gelbe Farbe mit ein etwas roter Farbe anmischen).

6
Den Klarlack mit etwas Umbra oder Siena leicht braun färben. Die orangefarbene Schicht damit überstreichen.

7

Mit einem zusammengeknüllten Tuch den Lack an einigen Stellen abwischen, so daß die Farbe darunter zum Vorschein kommt.

VORSICHT

Hölzerne Kerzenständer mit brennenden Kerzen niemals unbeaufsichtigt lassen! Achten Sie darauf, daß die Kerze nicht ganz herunterbrennt, da das Holz sonst Feuer fangen könnte.

Wollener Patchwork-Überwurf

Ob Sie es glauben oder nicht: Dieser tolle Überwurf kostet so gut wie nichts und wird an einem einzigen Nachmittag genäht! Die Decke besteht aus Schals und Stoffresten aus reiner Wolle. Die Schals bekommt man bei Wohltätigkeitsbasaren oder auf Flohmärkten für Pfennige. Wählen Sie die Farben nach den bereits vorhandenen Stoffresten aus. Der Überwurf ist mit einem alten Brokatvorhang gefüttert, ein Flanell-Bettlaken würde es aber ebensogut tun, vor allem, wenn Sie es dunkel einfärben.

Für diese Decke brauchen Sie lediglich in der Lage zu sein, mit der Nähmaschine geradeaus zu nähen – bei Schottenkaros kann man sich gut an den Linien des Webmusters orientieren. Breiten Sie Stoff und Schals auf dem Fußboden aus und schieben Sie sie hin und her, bis Sie mit den Farbkombinationen zufrieden sind. Schneiden Sie als erstes das mittlere Quadrat aus. Die Raute muß gesäumt und geheftet werden, bevor Sie sie in die Mitte des ersten Quadrats applizieren. Danach braucht jeder Streifen nur noch gesteckt und festgenäht zu werden.

Der Überwurf kann mühelos zu einer Bettdecke verlängert werden, die wegen der guten Qualität von Wollschals phantastisch wärmt. Das einzige Problem bei diesem Überwurf wird vermutlich sein, daß die Decke nicht lange auf dem Stuhl liegen wird, weil Sie sich ständig hineinkuscheln möchten!

1

Von Ihrem ›Hintergrundstoff‹ ein Quadrat von 46 cm Kantenlänge zuschneiden. Das Motiv für die mittlere Raute wählen und zuschneiden, dabei die Breite des Schals als Maß für die Seitenlänge zugrunde legen. Alle Kanten 1 cm einschlagen und heften. Auf dem Untergrund feststecken und aufnähen.

MATERIAL

Schere
Etwa 1 m Wollstoff
Verschiedene karierte und unifarbene Wollschals
Stecknadeln, Nähgarn und Nähmaschine
Alter Vorhang oder altes Flanell-Bettuch als Futter

2

Zwei Schals auswählen und in vier Rechtecke zerschneiden. An die Seiten des Quadrats ansetzen, so daß gleiche Muster sich gegenüberliegen. Annähen und Überstände zurückschneiden.

3

Vier gleiche unifarbene Quadrate ausschneiden und annähen. Die Ecken müssen akkurat aufeinandertreffen. Aus dem Hintergrundstoff vier Streifen in der Seitenlänge des nun entstandenen Quadrates zuschneiden.

4

Vier Eckquadrate von 14 cm Kantenlänge aus dem Schal zuschneiden, von dem die Mittelraute stammt. An ein Ende von jedem Streifen des Hintergrundstoffes ein solches Quadrat nähen.

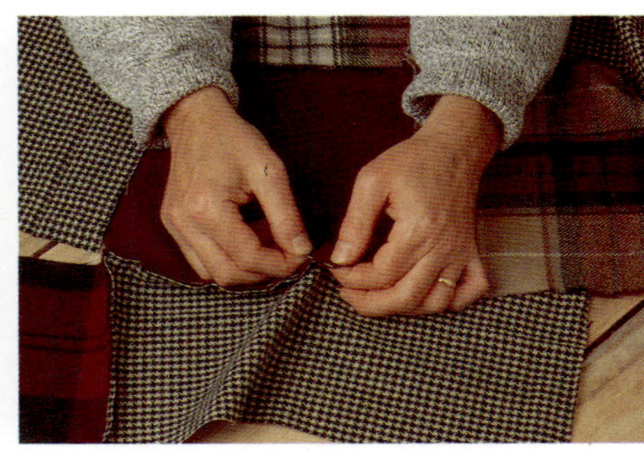

5

Die langen Streifen rings um das fertige Stück feststecken und annähen.

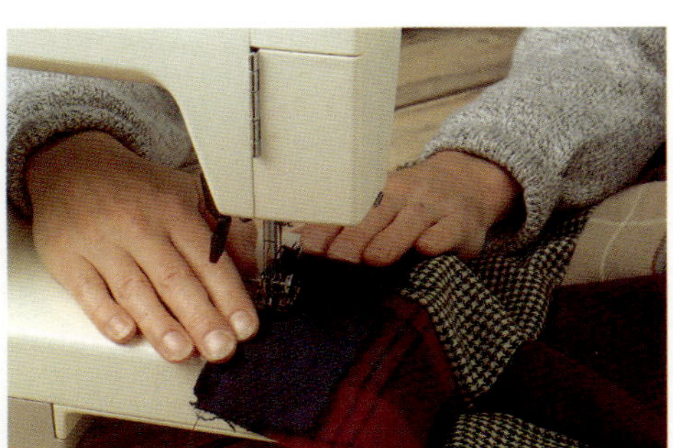

6

Einen unifarbenen Schal längs in vier Streifen schneiden und diese an die Außenseiten setzen. An den Ecken überlappen lassen, um das Quadrat wieder voll zu machen.

7

Den Futterstoff zuschneiden und die beiden Teile rechts auf rechts zusammennähen, dabei ein Stück Naht offen lassen.

8

Auf rechts ziehen und den offenen Saum schließen. Unter einem feuchten Tuch bügeln, um die Nähte zu glätten.

Geflochtene Raffbänder aus dem Restekorb

Mit Raffbändern kann man auf hübsche Weise das Sonnenlicht ins Zimmer hineinlassen. Schon ein paar Zentimeter mehr Fensterfläche machen den Raum erstaunlich heller. Probieren Sie es doch einmal aus... Die Idee ist durch und durch praktisch! Wenn Sie Stoffreste wählen, die sich kontrastreich von den Vorhängen abheben, sieht es überdies sehr schön aus.

Die Methode, Stoffreste zu Zöpfen zu flechten und zusammenzunähen, stammt ursprünglich von den sogenannten Flickenteppichen, und wenn Sie immer schon wissen wollten, wie die gemacht werden: Hier ist eine Einführung!

Wenn Sie vom Vorhangstoff noch etwas übrig haben, können Sie den Rest mit in die Zöpfe einflechten. Wenn nicht, sollte eine Unifarbe dabei sein, damit das gesamte Band harmonischer aussieht.

MATERIAL

Stoffreste, in 7,5 cm breite Streifen geschnitten, min. 1 m lang
Sicherheitsnadel
Nadel und Faden
Schere
20 cm breite Stoffstreifen als Futter (pro Raffband ein Streifen)
Pro Raffband 2 D-förmige Ringe zum Befestigen

1
Die Stoffstreifen der Länge nach aufrollen, das Ende ein Stück lose lassen.

2
Drei Streifen zusammenlegen, eine Farbe um die anderen beiden anderen herumschlagen und mit einer Sicherheitsnadel zusammenstecken. Die Enden an einem Stuhl festbinden oder mit einem Gewicht beschweren. Beim Flechten die Streifen zusammenrollen, so daß die ungesäumten Kanten nach innen kommen. Straff zu langen Zöpfen flechten. Man benötigt mindestens 2 m laufenden Zopf, die auch aus verschiedenen Abschnitten bestehen können.

3
Flechten Sie weiter, bis Sie die erforderliche Länge und Anzahl Zöpfe erreicht haben. Legen Sie die Zöpfe zu einem Band von mindestens 50 cm Länge und vier Zöpfen Breite zusammen, dabei an den Seiten mit einer großen Nadel und stabilem Garn fest zusammennähen. Achten Sie darauf, daß die Zöpfe beim Wenden an den Enden flach bleiben.

4
Den Futterstreifen mit ringsum 1,5 cm Nahtzugabe zuschneiden. Den Streifen hohl annähen, dabei die D-Ringe an beiden Enden befestigen.

Raffbänder in Quilt-Technik

Dieses Modell kann auch ein Anfänger bewältigen, man braucht nur eine gleichmäßige Heftnaht entlang einer vorgegebenen Linie nähen zu können. Das Muster stammt von einer einfachen Quilt-Schablone (bekommt man im Handarbeitsgeschäft), die Sie mit farbiger Schneiderkreide durchzeichnen. Eine Schicht Volumenvlies wird zwischen zwei Stofflagen gelegt und diese zusammengeheftet und durchgestickt.

Die verschlungenen Quilt-Muster wirken immer sehr plastisch. Am besten arbeitet man mit Unistoffen, wie hier mit naturbelassenem Baumwollstoff. Dafür könnte man die Raffbänder aber ohne weiteres über bunten oder gemusterten Gardinen verwenden. Kleine oder große Karos beispielsweise lassen sich hervorragend mit Naturbaumwoll-Quilts kombinieren.

MATERIAL

1 m ungebleichte Baumwolle
Schere
50 cm Volumenvlies
Quilt-Schablone
Farbige Schneiderkreide
Stecknadeln, Nadel und Nähgarn
2 D-förmige Ringe pro Raffband

1

Den Baumwollstoff in Streifen von 50 x 14 cm und das Volumenvlies in Streifen von 48 x 10 cm zuschneiden. Auf einem der Baumwollstreifen mit der Schablone das Muster vorzeichnen. Eine Lage Volumenvlies zwischen zwei Baumwollstreifen legen und feststecken.

2

Mit Heftstichen die Musterlinien nachsticken. Anstatt die Nadel gleichzeitig durch die drei Lagen ein- und auszustechen, fällt es Ihnen vielleicht leichter, sie jedesmal ganz durchzustechen und neu anzusetzen.

3

Wenn das Muster fertig ist, die Kanten einschlagen und ringsum mit der Hand oder der Maschine zusammennähen. An beiden Enden jedes Raffbandes einen Ring annähen.

Lederborten für ein Regal

Regale sind nicht immer ausgesprochen dekorativ, vor allem neue, einfache Wandborde, die man im Baumarkt preiswert bekommt. Natürlich sind sie praktisch und erfüllen ihren Zweck, aber schon ein einfacher Besatz macht sie im Handumdrehen zu freundlichen, individuellen Möbelstücken.

MATERIAL

Lederreste (werden im Bastelgeschäft nach Gewicht verkauft)
Runde Schablone von 7,5 cm Durchmesser
Bleistift, Lineal und Kreide
Zickzackschere
Revolver-Lochzange
Doppelseitiges Klebeband oder Klebstoff

1

Lederstreifen in passender Länge zuschneiden, notfalls stückeln. Der Besatz soll 6 cm breit sein. Auf der Rückseite in 1 cm Abstand von der Kante eine Linie vorzeichnen und daran entlang mit der Schablone Halbkreise aufzeichnen. An diesen Bögen mit der Zickzackschere entlangschneiden.

2

Ringsum an der Kante mit der Lochzange unterschiedlich große Löcher ausstanzen.

3

Mit Kreide Sterne in die Halbkreise zeichnen und an den Linien entlang mit der Zange Löcher ausstanzen. Einen Streifen doppelseitiges Klebeband auf die Regalkante kleben und die Lederborte daran befestigen. Es geht auch mit Alleskleber.

Spitzen und Karos als Regalbesatz

Die Spitzen passen vielleicht nicht in jeden Raum, denn sie geben einer Anrichte oder einem Regal einen verspielten ›französischen‹ Touch. Der Kontrast zwischen soliden Emailtöpfen und feiner Baumwollspitze kann jedoch durchaus apart sein. In französischen Landhäusern verziert man mit Häkelspitze so gut wie jedes Regalbrett.

Es gibt im Handel viele verschiedene Spitzenborten, Sie haben also die Qual der Wahl. Vielleicht gefällt Ihnen eine alte handgehäkelte Spitze, oder aber eine einfachere industriell gefertigte Borte. Das Zackenmuster, für das wir uns entschieden haben, paßt gut zu Geschirr.

Kleingemusterte Karostoffe strahlen etwas ausgesprochen Fröhliches und zugleich ungemein Praktisches aus. Ein solches Band macht sich ausgezeichnet als Besatz an Speisekammerregalen, denn das kraftvolle Muster setzt sich sogar gegen bunte Lebensmittelpackungen durch. Die Kombination mit Spitze wirkt frisch und appetitlich.

MATERIAL

Spitzenborte in der Länge der Regalbretter, plus Zugabe für die Umschläge
Kalter Tee
Kleine Schüssel
Schere
Doppelseitiges Klebeband
Kleingemustertes Karoband in der Länge der Seitenteile des Regals
Alleskleber

1

Um das helle Weiß neuer Spitze abzumildern, haben wir sie in kalten Tee getaucht. Je stärker der Aufguß, desto dunkler die Farbe, durch Zugabe von Wasser kann man den Ton aufhellen. Die Spitze trocknen lassen und bügeln, dann auf die Länge zuschneiden.

2

Das doppelseitige Klebeband auf die vertikalen Teile des Regals kleben und die Folie abziehen. Das Karoband passend schneiden und die Enden mit etwas Klebstoff bestreichen, damit sie nicht ausfransen.

3

Das Karoband auf die Seitenkanten kleben und sorgfältig glattstreichen. Darauf achten, daß das Band gerade ist. An einem Ende anfangen und das Band dabei straff spannen.

4

Doppelseitiges Klebeband auf die waagerechten Brettkanten kleben, an den Seiten über das Karoband hinweg.

5

Eine Seite der Spitze mit etwas Klebstoff gegen Ausfransen schützen. Die Spitze auf dem Klebeband spannen, passend abschneiden und das andere Ende versiegeln.

Baguette-Behälter

Küche und Essen spielen im Landleben eine wichtige Rolle, sei es ein wärmendes Abendbrot an einem kalten Winterabend, wenn es früh dunkel wird, oder ein langes, opulentes Mittagsmahl im Hochsommer. Knuspriges frisches Brot gehört immer dazu, und dieser dekorative Brotkasten verleiht Ihrer Küche einen Hauch ländlicher französischer Lebensart. Man könnte einen solchen Behälter aber auch im Flur für Regenschirme und Spazierstöcke aufstellen.

Die Vorlage auf den Schablonenseiten können Sie bei einem Tischler in Arbeit geben oder selbst ausführen, wenn Sie mit Holzarbeiten vertraut sind. Der Behälter besteht aus gebrauchten Kiefernholzdielen, die recht schwer und stabil sind. Zusätzliche Standfestigkeit erreicht man mit der breiteren Basisplatte.

Die Verzierung mit Farnblättern war in viktorianischer Zeit sehr populär. Getrocknete oder künstliche Farnwedel (in Blumengeschäften kann man Blätter aus Plastik oder Stoff kaufen) werden mit Sprühkleber auf der Holzoberfläche befestigt und mit Farbspray überzogen. Die Farbe trocknet rasch, abschließend löst man die Farnwedel wieder ab. Die Methode ist ebenso einfach wie effektvoll.

MATERIAL

Holz für den Behälter
(Maße siehe Schablonenseiten)
Pauspapier oder Umdruckpapier
Stich- oder Laubsäge
Holzleim und 2,5 cm lange Paneelstifte
Hammer

FÜR DIE VERZIERUNG:

Schellack
Mittelgroßer Flachpinsel
Zeitungspapier
Kreppklebeband
Sprühkleber
Verschiedene Farnwedel
Sprühfarbe in Schwarz, Dunkelgrün oder Dunkelblau
Feinkörniges Schleifpapier
Matter Klarlack

1

Das unbehandelte Holz mit zwei Schichten Schellack versiegeln und vorfärben.

ANFERTIGEN DES BEHÄLTERS:

Das Holz entsprechend den in der Vorlage (Schablonenteil) angegebenen Maßen zuschneiden. Die Kanten abschrägen. Die Kontur der Rückwand vorzeichnen und mit einer Stich- oder Laubsäge ausschneiden. Holzleim auf alle Anstoßkanten streichen, zusammenfügen und mit Paneelstiften befestigen.

2

Die Farnwedel einseitig mit Fixierspray auf dem Holz dekorativ anheften. Jeweils nur eine Seite bearbeiten, die anderen Seiten und den Untergrund mit Papier abdecken.

3

Mit Farbe besprühen. Dabei 20 cm Abstand halten und gleichmäßig vorgehen: Die Farbe muß sich nach und nach vertiefen. Nach dem Trocknen die Farnwedel ablösen.

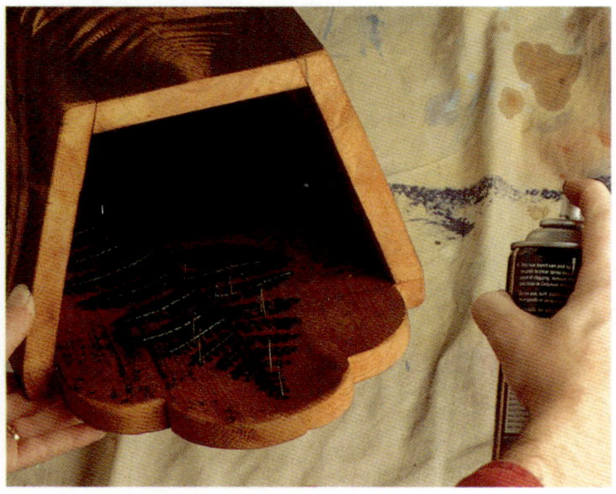

4
Die übrigen Außenflächen ebenso bearbeiten, die Rückwand auch innen.

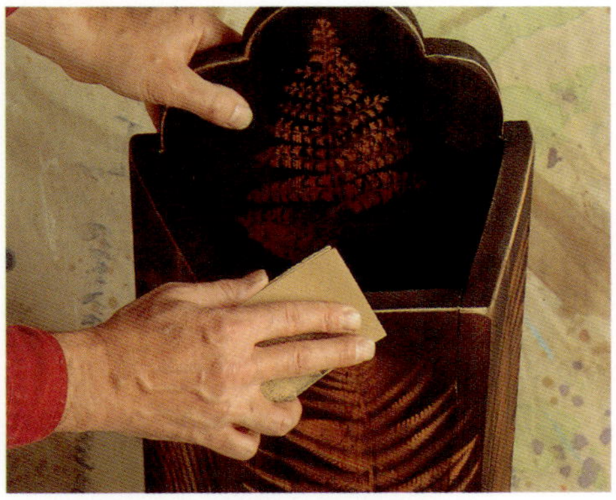

5
Die Kanten leicht anschleifen.

6
Zum Schluß zwei Schichten Klarlack auftragen, um die Farndekoration zu versiegeln.

Kaninchen-Attrappe

Ein freistehendes Riesenkaninchen dürfte alle Blicke auf sich ziehen und wird sicher so manchen Kommentar provozieren. Solche Figurentafeln wurden ursprünglich von Läden oder Kneipen als Aushängeschilder verwendet, denn nur wenige Leute konnten lesen und mit dem Schild zeigte der Besitzer an, welches Metier er ausübte. Unsere Kaninchen-Attrappe können Sie mit Hilfe einer Holzstütze hinstellen oder an die Wand hängen, ganz wie Sie möchten.

Bei diesem Modell kommen alte und neue Elemente zusammen. Der Originalstich stammt aus dem 19. Jahrhundert und wurde mit Hilfe eines Fotokopierers vergrößert. Die fein gestrichelten Linien des Originals werden dabei etwas dicker, dennoch wirkt das Bild nach wie vor wie ein alter Stich.

Es macht viel Spaß, das Kaninchen herzustellen, und es geht auch ganz einfach. Man muß nur mit einer Stichsäge ein vorgegebenes Motiv ausschneiden können. Wir wissen aus Erfahrung, daß viele Leute das sehr gern tun – wenn Sie selbst keine Stichsäge besitzen, kennen Sie bestimmt jemanden, der Ihnen aushelfen wird!

MATERIAL

Tapetenkleister und Pinsel
Sperrholzplatte o. ä. im Format DIN A2 (59,2 x 42 cm)
Stichsäge
Feinkörniges Schleifpapier
Schellack
Mittelgroße Pinsel
Getönter Klarlack in der Farbrichtung
Altes Kiefernholz
Matter Klarlack
Holzrest für die Stütze
Weißleim

1

Das Kaninchen aus dem Schablonenteil fotokopieren und bis zu den Rändern eines DIN-A4-Blattes vergrößern. Die Vergrößerung halbieren (2 x DIN A5).

2

Beide Blätter auf DIN-A3-Format vergrößern. Je nach Gerät erfolgt dies in einem Arbeitsgang oder in mehreren Schritten.

3

Das Holz mit Tapetenkleister bestreichen. Dadurch wird die Oberfläche versiegelt und gibt dem Papier Halt.

4

Schneiden Sie die Anstoßkanten der beiden Kaninchenhälften akkurat zurück; sie müssen ohne Überlappung exakt aneinander stoßen. Eine dünne Schicht Tapetenkleister über die ganze Fläche der Rückseite bis zum Rand verstreichen und die beiden Hälften auf das Holz kleben. Luftblasen vorsichtig mit einem weichen Tuch ausstreichen und das Brett über Nacht trocknen lassen.

5
Mit einer Stichsäge die Konturen ausschneiden, die Unterseite gerade absägen. Das geht leicht von der Hand, Sie sollten allerdings vorher etwas üben. Lassen Sie sich Zeit!

6
Die Kanten der Attrappe glattschleifen.

7
Mit Schellack grundieren, das gibt dem Motiv einen gelblichen Schimmer. Mit einer Schicht kiefernfarbenem und mehreren Schichten neutralem Klarlack versiegeln.

8
Die Umrisse der Stütze aus dem Schablonenteil kopieren und aussägen. Die Kanten mit feinem Schleifpapier glätten und die Stütze an der Attrappe festleimen.

Bemalte Blechdose

Blechmalerei war in der Frühzeit der Besiedlung Amerikas sehr beliebt. Damals erschienen fliegende Händler mit ihrem bunten Krimskrams an den Hoftoren und boten bemalte Weißblechwaren feil. Schon damals konnte die Hausfrau kaum widerstehen, so daß in den Küchen große Mengen dieser sogenannten ›tôleware‹ zusammenkamen. Der Begriff stammt vom Französischen ›tôle peinte‹, was ›bemaltes Blech‹ bedeutet, wenn auch der Malstil eher dem norwegischen ›rosemaling‹ entspricht.

Unser Modell verlang keineswegs, daß Sie die spezielle Pinselführung erlernen, die für die traditionelle Blechmalerei eigentlich erforderlich ist. Allein die Farben und die künstliche Alterung sorgen schon dafür, daß die Dose zwischen anderen Blechwaren nicht auffällt. In solchen numerierten Dosen bewahrten Teehändler die verschiedenen Sorten auf.

1

Die Dose grundieren. Den Deckel mit Dispersionsfarbe in Schwarz bemalen, die Dose in Ziegelrot, die Ränder maisgelb absetzen.

MATERIAL

Metallgrundierung
Mittelgroße Pinsel
Große Dose (Weißblech oder Aluminium) mit Deckel
Dispersionsfarbe in Schwarz, Ziegelrot und Maisgelb
Diverse Haarpinsel
Ggf. Pauspapier
Weicher Bleistift
Kreppband
Harter Bleistift
Schellack
Klarlack, mit dunkelbrauner Acrylfarbe getönt
Seidenmatter Klarlack

2

Die Zahl aus dem Schablonenteil kopieren und alle Linien auf der Rückseite mit weichem Bleistift schraffieren.

3

Mit gut ablösbarem Klebeband auf die Dose kleben und mit einem harten Bleistift nachziehen, so daß die Konturen auf die Dose übertragen werden.

4

Die ›3‹ mit Gelb ausmalen.

5

Die Schattierung mit Schwarz hinzufügen.

6

Die Dose mit Schellack überziehen. Sie erhält dadurch einen warmen Schimmer.

7

Dose und Deckel mit einer Schicht getöntem Klarlack und darüber einer Schicht neutralem Mattlack versiegeln.

Stange für Küchenutensilien

Vor der Erfindung des Wäschetrockners nutzte man die warme Luft über dem Küchenherd, um Kleider dort an ein Trockengestell zu hängen. Heutzutage kann man Haken daran befestigen und Kupfertöpfe, Körbe oder andere dekorative Dinge aufhängen.

Allerdings ist nicht jede Decke für ein schweres Gestell geeignet, manche sind auch einfach nicht hoch genug. Wenn Sie weder auf bröckelnde Decken noch auf Beulen am Kopf Wert legen, bietet sich als Alternative dieser hübsche Deckenhänger an, der aus einer hölzernen Gardinenstange gefertigt wird. Eine Stange wie diese bekommen Sie in jedem Baumarkt.

MATERIAL

Gardinenstange mit gedrechselten Endstücken (ohne Träger)
2 große Ringschrauben für Deckenbalken
Mittelkörniges Schleifpapier
Dispersionsfarbe in Grün, Rot und Elfenbein
Mittelgroße Pinsel
Mit dunkelbrauner Acrylfarbe getönter Klarlack
2 gleich lange Ketten
Schraub- und Fleischerhaken

1

Mit der Stange als Maß die beiden Ringschrauben unter der Decke oder einem Deckenbalken fest anbringen. Sie müssen gut belastbar sein. Stange und Endstücke anschleifen, die Knäufe grün bemalen.

2

Die Stange selbst rot streichen. Sobald sie trocken ist, in 6 cm Abstand von beiden Enden die elfenbeinfarbenen Streifen auftragen.

3

Die Farbe an einigen Stellen anschleifen, damit die Stange nostalgisch wirkt. Die Knäufe auf die Enden der Stange stecken. Das ganze mit getöntem Lack überziehen. Die Kette in die Ringschrauben einhängen. Die beiden Schraubhaken im gleichen Abstand wie die Ringschrauben an der Stange anbringen. Die Stange aufhängen und diverse Gegenstände an Fleischerhaken dekorativ daranhängen.

Bestickte Blende

In Frankreich hängt man solche Blenden gern vor Fenster, die eigentlich keine Gardine benötigen, aber ›ohne alles‹ etwas langweilig wirken würden.

Die Stickerei ist ganz einfach und besteht nur aus einigen Grundstichen, die auch Anfänger(innen) ohne weiteres meistern werden. Gardinen aus gemustertem Kattun oder Karostoff passen gut zur Blende, ohne von den Motiven abzulenken, Sie können aber auch den gleichen naturfarbenen Baumwollstoff verwenden und – wenn Ihnen das Sticken Spaß macht – ebenfalls mit Motiven besticken!

MATERIAL

Pauspapier
Schneider-Kopierpapier oder weicher Bleistift
1 m ungebleichter Baumwollstoff, in zwei Streifen von 20 cm Breite geschnitten
Sticknadel und Sticktwist in vier Farben
Schere
Gardinenstange

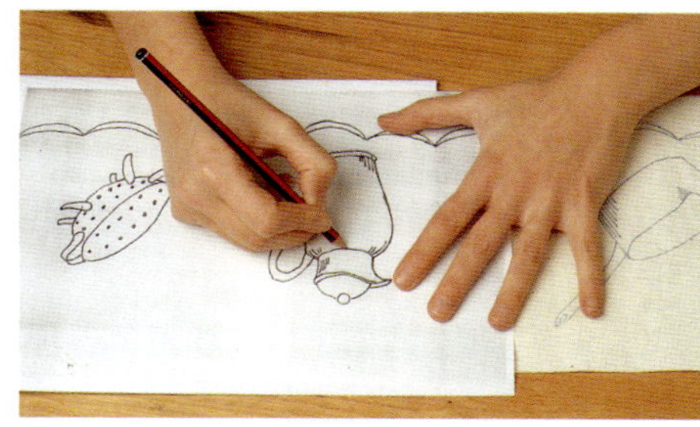

1

Die Motive von den Schablonenseiten auf rund 10 cm vergrößern. Mit Kopierpapier oder weichem Bleistift auf den Stoff übertragen.

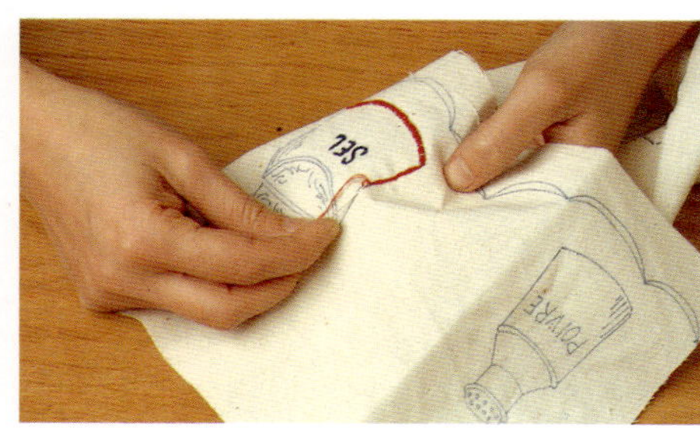

2

Je nach Stand Ihrer Stickkünste die Motive sticken. Sie können sie im einfachen Kettenstich ausführen, doch auch Kreuzstich, Stielstich, Steppstich oder Knötchenstich beleben die Stickerei.

3

Mit Plattstichen die Bogenkante sticken. Den Rand exakt zurückschneiden. Die obere Kante so breit säumen, daß die Gardinenstange hindurchpaßt.

Gemalter Teppich

Segeltuchteppich

Schablonenbordüre

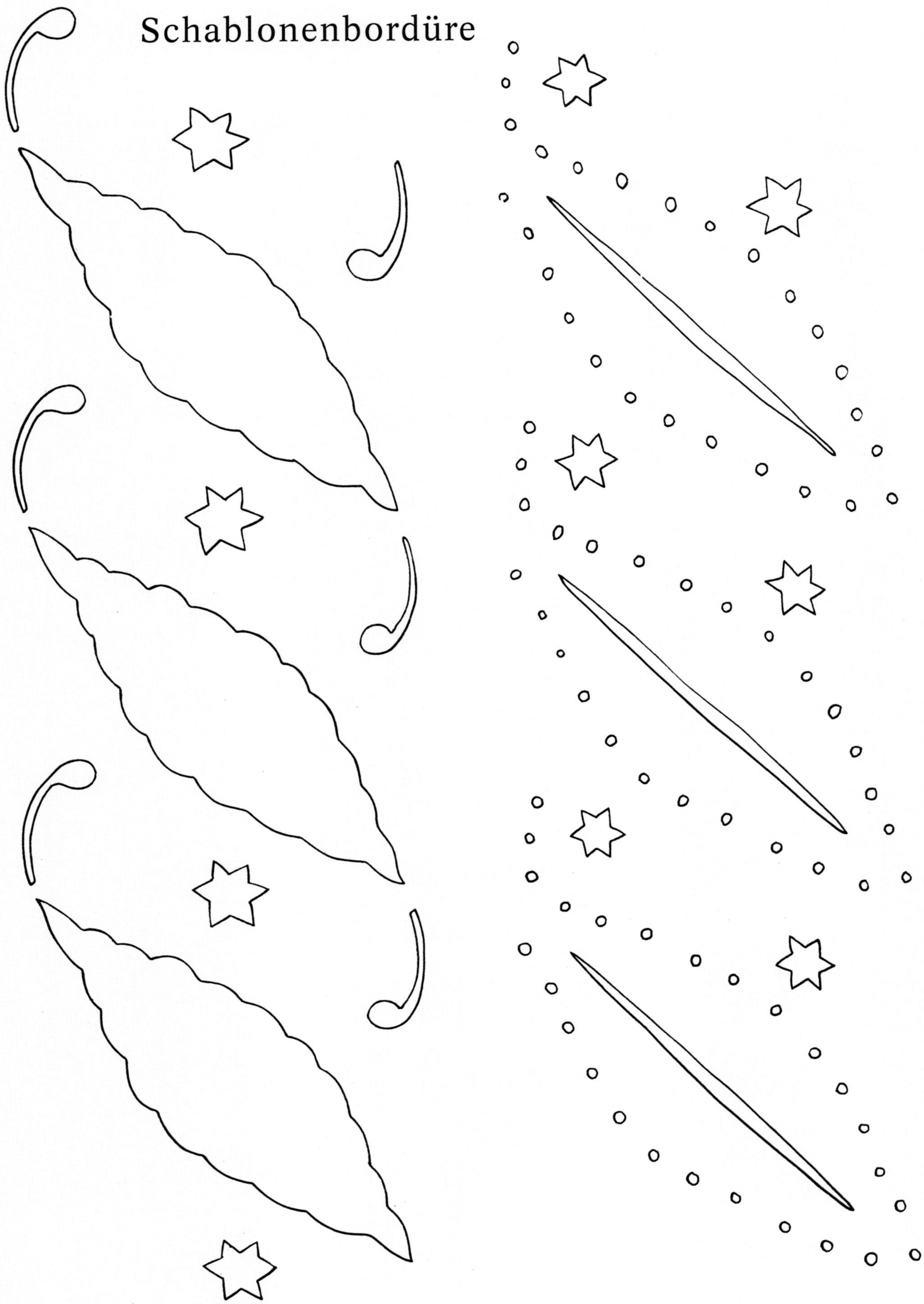

Schaumstoffmodel

Eichenblatt-
bordüre

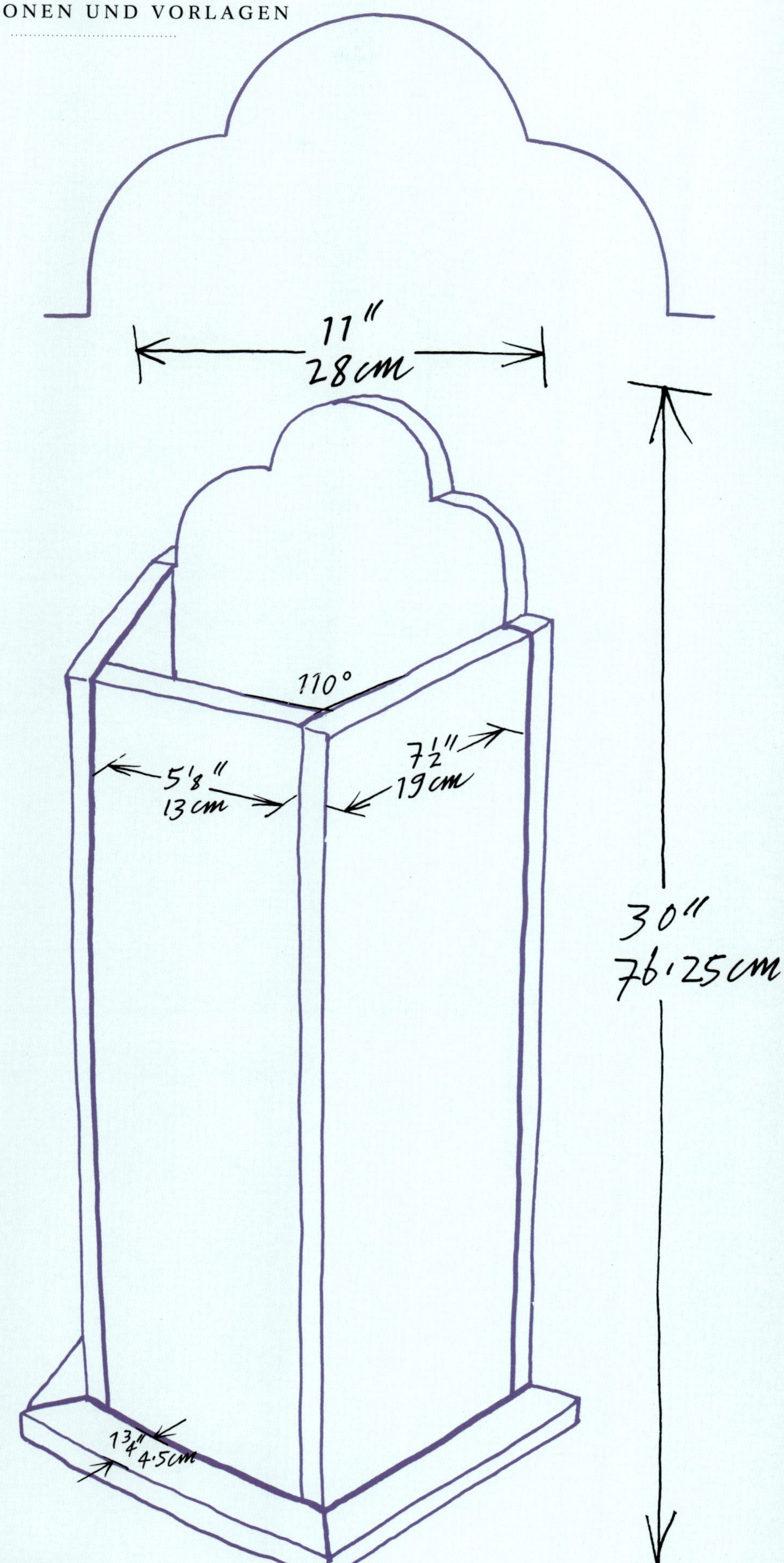

Baguette-Behälter

Bemalte Anrichte

Kaninchen-Attrappe

Wange für ein Bord und Stütze für das Kaninchen

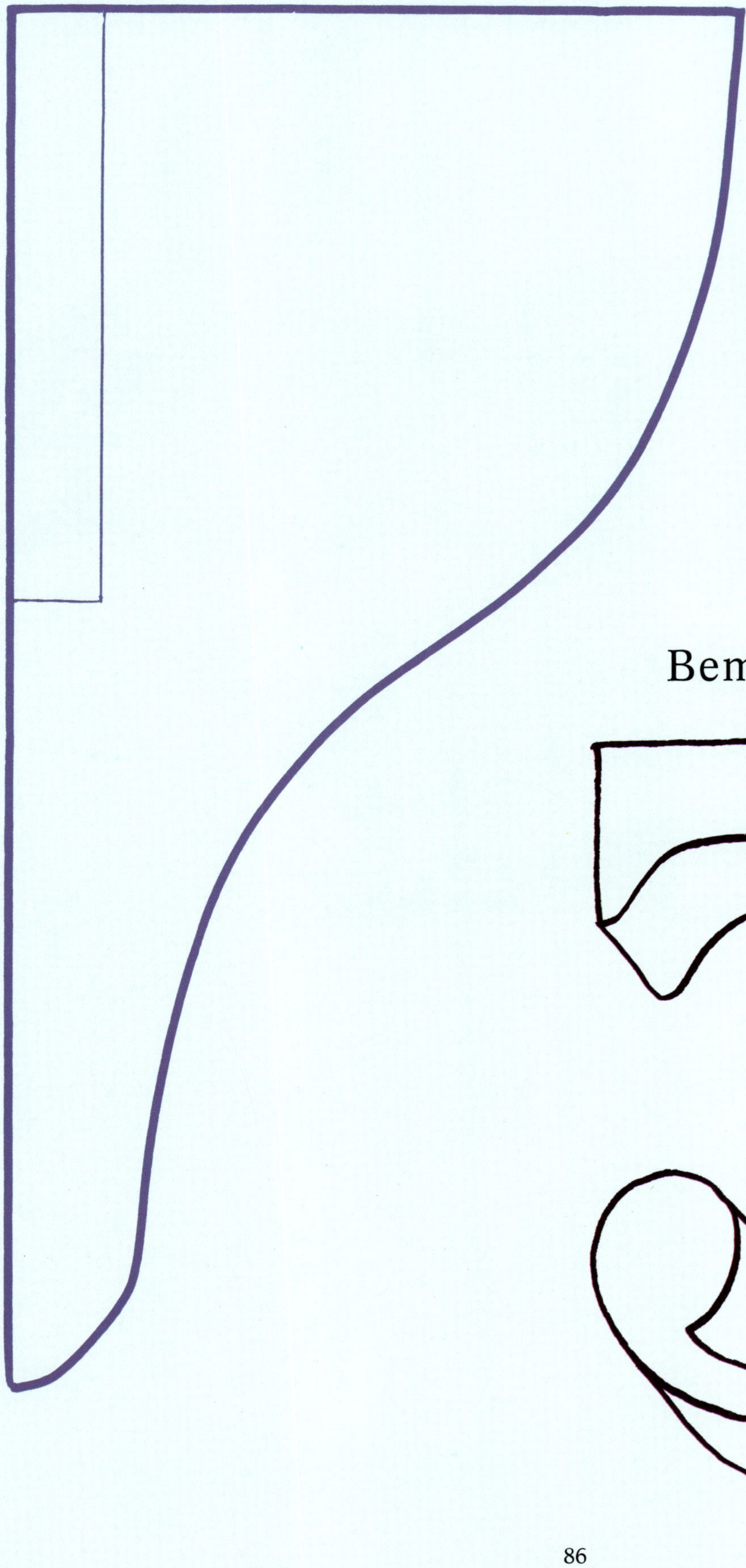

Bemalte Blechdose

Bestickte Blende

Blumen und Dekorationen

Tessa Evelegh

Frische Gestecke

Nichts vermag die Stimmung einer Jahreszeit so einzufangen wie ein paar Blumen, Kräuter und Blätter. Halten Sie Ausschau in Ihrem eigenen Garten, in Hecken, am Feldrain oder auch auf dem Wochenmarkt. Nehmen Sie ein paar schlichte Gefäße, stellen Sie Ihre Schätze hinein und genießen Sie die Fülle an Farben, Strukturen und Düften, die jede Jahreszeit zu bieten hat.

Frischer Kräuterkranz

Pflücken Sie einen Arm voll frischer, aromatischer Kräuter, und winden Sie daraus einen duftenden Schmuck für Ihre Küche. Wenn Sie Sorten mit fleischigen Blättern wählen, die Feuchtigkeit eine Weile speichern können, und den Kranz mit Wasser einsprühen, müßte er sich einige Tage halten. Danach kann man ihn auseinandernehmen und die einzelnen Kräuterbündel separat trocknen.

MATERIAL

Blumendraht
Schere
Frischer Salbei
Frischer oder getrockneter Lavendel
Frische Petersilie
Klebepistole mit Patronen
Weidenkranz, ca. 30 cm Durchmesser
Frischer Schnittlauch
Bast

1

Mit Blumendraht alle Kräuter mit Ausnahme des Schnittlauchs zu dicken Bündeln binden.

2

Zwei Salbeibündel so auf den Weidenkranz kleben, daß die Stiele nach außen zeigen.

3

Nun so viele Lavendelbündel nebeneinander festkleben, daß die Salbeistiele verdeckt sind und man den Kranz nicht mehr sieht. Die Lavendelstiele wiederum unter Petersilienbündeln verbergen.

4

In derselben Weise fortfahren, bis der ganze Kranz üppig mit Kräutern bedeckt ist.

5

Den Schnittlauch zu vier dicken Bündeln verdrahten und die Enden gerade abschneiden. Jeweils zwei kreuzweise aufeinanderlegen, mit Bast zusammenbinden und mit Draht am Kranz befestigen.

6

In großen Abständen Bast um den Kranz schlingen, zusammenbündeln und einen Aufhänger bilden. Zum Schluß die Bündel erneut am Kranz verknoten und zu einer üppigen Schleife binden.

Provenzalischer Kräuterzopf

Frische Kräuter werden an einem dicken Seegraszopf befestigt und mit winzigen Tontöpfen garniert. Zusammen mit Knoblauchknollen und leuchtend roten Chilischoten haben Sie ein duftendes Geschenk für einen passionierten Hobbykoch.

MATERIAL

Ein Strang Seegraskordel
Grobe Juteschnur
Blumendraht
Frischer Salbei
Frischer Thymian
Frischer Oregano
2 kleine Blumentöpfe
6 Blumen-Stieldrähte
2 Knoblauchknollen
Klebepistole mit Patronen
Große getrocknete rote Chilischoten

1

Die Seegraskordel in sechs gleiche Stücke schneiden, die etwa dreimal so lang sind wie der zu erstellende Zopf. Zwei Stücke in der Mitte knicken. Diese Schlaufe unter ein Stück Juteschnur legen (lang genug, um als Aufhänger zu dienen). Die losen Enden über die Schnur und durch die Schlaufe führen: So knoten Sie die Kordel auf der Schnur fest. Auch die restlichen vier Abschnitte der Seegraskordel an der Juteschnur befestigen. In drei Bündel zu je vier Kordeln teilen und zum Zopf flechten.

2

Das Zopfende mit einem weiteren Stück Seegraskordel abbinden.

3

Mit Blumendraht kleine Kräuterbündel binden. Jedes Bündel mit Juteschnur umwickeln und mit der Schnur an den Zopf knoten.

4

Die Blumentöpfe andrahten. Dazu jeweils zwei Stieldrähte durch das Loch im Boden des Topfes führen und zusammendrehen.

5

Die Töpfe am Zopf befestigen. Dazu ein Stück Draht durch die Drähte im Topf ziehen, durch den Zopf führen und zusammendrehen.

6

Schnur um die Knoblauchknollen wickeln und diese an den Zopf knoten. Die Chilischoten ankleben oder andrahten und die Töpfe mit weiteren Schoten füllen.

Obstschale mit Blütendekor

Mit rankenden Blumen und Blättern, die durch einen Drahtkorb lugen, kann man mit Maschendraht und einem dekorativen Teller im Handumdrehen eine hübsche Obstschale machen. Ein schöner Farbtupfer für den Gartentisch.

MATERIAL

Leeres Marmeladenglas
Drahtkorb
Fuchsien oder andere rankende Blumen
Gartenschere
Maschendraht im Durchmesser des Drahtkorbes
Dekorativer Teller im Durchmesser des Drahtkorbes
Eine Auswahl bunter Früchte

1
Das Glas mit Wasser füllen und in die Mitte des Korbes stellen.

2
Die Blütenstiele mit der Gartenschere kürzen und rings um den Korb durch den Draht hindurch in das Wasserglas stecken. So viele Zweige verwenden, daß Blüten und Blätter einen ausreichend dichten ›Vorhang‹ rund um den Korb bilden.

3
Den Maschendraht passend zurechtschneiden, über den Korb legen und fest um den Rand biegen. Den Teller auf den Maschendraht stellen und mit bunten Sommerfrüchten füllen.

Tischdekoration aus Gemüse

Nicht nur Blumen schmücken den hübsch gedeckten Tisch: Auch am Gemüsestand wird man fündig. In diesem Fall haben wir ein Stilleben aus Zierkohl, aufgeschnittenem Rotkohl und ein paar Artischocken arrangiert, das sich als ausgefallene Tischdekoration anbietet. Das Thema wird wieder aufgenommen bei den apart mit Zierkohlblättern zusammengebundenen Servietten.

MATERIAL

Farbiger Bast
Bemalter Holzkorb
2 Zierkohlpflanzen mit Ballen
Islandmoos
Servietten
Leeres Joghurtglas
Bemalter Spankorb mit Henkel
Halbierter Rotkohl
Artischocken

1

Aus Bast eine Schleife um den Griff des Holzkorbes binden. Die Töpfe mit dem Zierkohl in den Korb stellen, vorher aber einige besonders schöne Kohlblätter abtrennen.

2

Die Töpfe mit silbergrauem Islandmoos abdecken.

3

Jedes Besteck in eine Serviette schlagen und mit einem schönen Kohlblatt zusammenbinden. Zusätzlich einige Blätter in ein leeres Joghurtglas stellen und mit etwas Bast umwickeln. Einen Henkelkorb mit Rotkohlhälften und Artischocken gefüllt dazustellen.

Tischdekoration mit Kerze

Auch schlichte Materialien können eine elegante Dekoration für den festlich gedeckten Tisch hergeben. Für diese Variante haben wir das Gartenhaus geplündert: Sie besteht aus etwas Maschendraht und einem Terrakottatopf, der mit roten Beeren, Efeu und weißen Rosen zu einem prachtvollen Adventsgesteck wird. Man kann natürlich auch zu anderen Jahreszeiten die jeweils aktuellen Blumen und Blätter verwenden.

MATERIAL

Blumentopf,
ca. 18 cm Durchmesser
Ca. 1 m Maschendraht
Messer
Hartschaumkugel in Topfgröße

Bienenwachskerze
Strauchefeu
Weiße Rosen
Beeren
Buntlaubiger Kletterefeu

1

Den Blumentopf in die Mitte eines großen quadratischen Stücks Maschendraht stellen und den Draht rund um den Topf hochbiegen und formen.

2

Die Hartschaumkugel halbieren. Eine Hälfte mit Wasser tränken, die andere Hälfte wird nicht benötigt.

3

Den Hartschaum mit der Schnittfläche nach oben in den Topf stecken, so daß eine glatte Oberfläche entsteht. Die Kerze in der Mitte des Topfes befestigen.

4

Die Blätter des Strauchefeus rund um die Kerze in den Hartschaum stecken.

5

Eine weiße Rose als Blickfang dazustecken und mit Bündeln roter Beeren ergänzen.

6

Das Gesteck mit weiteren weißen Rosen und buntlaubigen Efeuranken vervollständigen.

Sattes Violett

Oft sind die einfachsten Arrangements die ansprechendsten. Hier stehen die Blumen einfach in Marmeladengläsern, die mit blauer Schnur dekorativ umwickelt wurden. Erst die Anordnung macht das Ganze zu einem aparten Stilleben.

MATERIAL

Blaue Schnur
2 Marmeladengläser
Gartenschere
Skabiosen
Anemonen
Flache Glasschale

1
Den blauen Bindfaden um die Marmeladengläser wickeln und fest verknoten. Die Gläser mit Wasser füllen.

2
In ein Glas Skabiosen und in ein weiteres Anemonen stellen, dabei die Stiele auf die passende Länge kürzen.

3
Die Glasschale mit Wasser füllen.

4
Bei einer Anemone den Stiel ganz kurz schneiden und die Blüte flach auf das Wasser legen. Mit dieser Methode kann man übrigens auch gut Blumen retten, deren Stiele beim Transport abgebrochen sind.

'S PATENT

Adventskranz

Ein Adventskranz eignet sich hervorragend als Tischdekoration auf der Weihnachtstafel. Dieser Kranz ist mit glänzenden Efeublättern, Kap-Stachelbeeren, getrockneten Orangenscheiben und gebündelten Zimtstangen dekoriert. Er bietet einen prächtigen Anblick und verströmt zugleich weihnachtlichen Duft.

MATERIAL

Steckmoos
Messer
Ringförmiger Blumenkorb
Vier Wachskerzen
Moos
Getrocknete Orangenscheiben
Blumen-Stieldraht
Gartenschere
Zimtstangen
Goldschnur
Efeublätter
Kap-Stachelbeeren

1
Das Steckmoos in Wasser tränken und passend schneiden. In den Korb legen.

2
Die Kerzen hineinstecken.

3
Das Steckmaterial mit Moos abdecken, an den Seiten fest in den Korb drücken.

4
Die Orangenscheiben andrahten. Dazu den Stieldraht durch die Mitte stechen und die Enden an der Außenkante zusammendrehen. Die Zimtstangen bündeln und mit Goldschnur zusammenbinden. Durch die Schnur andrahten.

5
Die Efeublätter bündeln und mit Draht umwickeln.

6
Die Efeublätter in den Ring stecken. Dazwischen die Orangenscheiben und Zimtstangen arrangieren und die Kap-Stachelbeeren in Abständen dazwischen plazieren.

Herbstliche Fülle

Spätsommerliche Früchte sind viel zu dekorativ, als daß man sie in die Speisekammer verbannen dürfte. Türmen Sie die violetten Früchte lieber zu einem üppigen Arrangement auf, das im Herbst eine der Jahreszeit entsprechende Tischdekoration bildet.

MATERIAL

Metallschale
Füllmaterial, z. B. Luftpolsterfolie, Zeitungspapier oder Steckmoos
Mehrere Sorten Pflaumen
Blaue Weintrauben
Hortensienblüten
Artischocken
Blaubeeren

1
Wenn Sie keine großen Mengen an Obst zur Verfügung haben, sollten Sie das Gefäß mit Luftpolsterfolie oder Steckmoos auffüllen.

2
Möglichst viele verschiedene Pflaumensorten auf die Füllmasse legen, ein paar Früchte zum abschließenden Dekorieren zurückbehalten.

3
Eine große Traube blauer Weintrauben dazulegen und über den Rand des Gefäßes herunterhängen lassen. Das Arrangement mit Hortensienblüten, Artischocken, einigen verstreuten Pflaumen und Blaubeeren vervollständigen.

Goldener Herbst

Die Goldtöne des Herbstes werden in dieser prächtigen Dekoration in einem ganz schlichten Glasgefäß eingefangen. Die Dahlien einfach in ein Vorratsglas stellen und mit einer herbstlichen Haselnußkordel umschlingen.

MATERIAL

frisch gepflückte Haselnüsse, am besten paarige Fruchtstände
Seegraskordel
Gartenschere
Dahlien
Vorratsglas
Zierkürbisse
Feuerdornzweige mit Beeren

1
Die Haselnüsse mit der Seegraskordel zu einer ›Halskrause‹ verknüpfen.

2
Jede Dahlie etwa 1 cm kürzen und in das wassergefüllte Vorratsglas stellen.

3
Die Haselnußkordel um das Glas knoten. Um das Glas herum Kürbisse und Feuerdornzweige dekorieren.

Frühlingsgirlande

Girlanden aus frischen Blumen sind wunderschöne Dekorationen für jeden Anlaß. Dieses hübsche Arrangement aus hängenden Stiefmütterchen und Veilchen verbreitet einen erdigen Waldduft, den man sich das ganze Jahr über ins Haus holen kann, denn in Töpfen werden diese Pflanzen fast zu jeder Zeit angeboten.

MATERIAL

Gartenschere
Maschendraht in der gewünschten Länge der Girlande und in dreifacher Breite
Ein großer schwarzer Müllbeutel
Etwa zwei Stiefmütterchen pro 15 cm der Girlande
Etwa sechs Veilchen pro 15 cm der Girlande
Blumen-Stieldraht
Moos

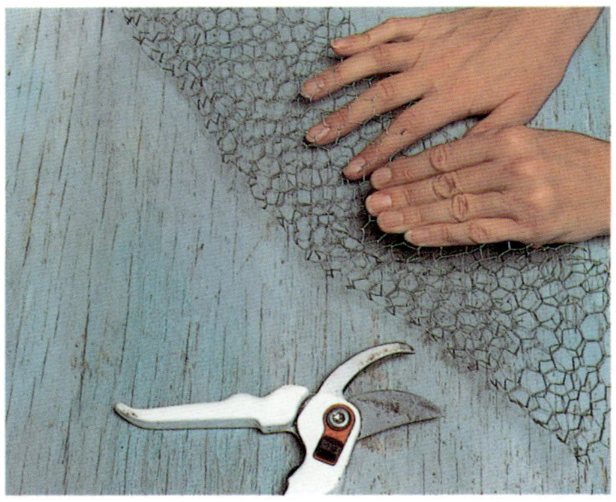

1
Mit der Gartenschere den Maschendraht zurechtschneiden, zu einer Rolle formen und flachdrücken.

2
Den Müllbeutel in Vierecke schneiden, die für jeweils einen Wurzelballen der Pflanzen ausreichen.

3
Jede Pflanze vorsichtig aus dem Topf lösen, lose Erde abschütteln und den Ballen in die Mitte des Müllbeutel-Vierecks stellen.

4
Die Ballen in die Folie einpacken und den Stieldraht locker um den Ballenrand wickeln. Dabei ein Stück Draht zum Befestigen überstehen lassen.

5
Die eingepackten Pflanzen mit den losen Drahtenden am Maschendraht anbringen.

6
Folie mit Moos abdecken, indem man kleine Abschnitte Stieldraht wie eine Haarnadel zusammenbiegt und es damit feststeckt.

Sommerliches Geschenkkörbchen

Über Blumen freut sich jeder. In diesem Körbchen sind sie besonders willkommen, vor allem zusammen mit einer hübsch eingewickelten hausgemachten Erdbeerkonfitüre.

MATERIAL

Ein Glas Erdbeerkonfitüre (s. S. 246)
Rosa Papier
Klebstoff
Erdbeermotiv zum Ausschneiden
Schere
Rosa Pergamentpapier (Pergamin)
Bast
Holzkörbchen
Buntpapier
Rosen

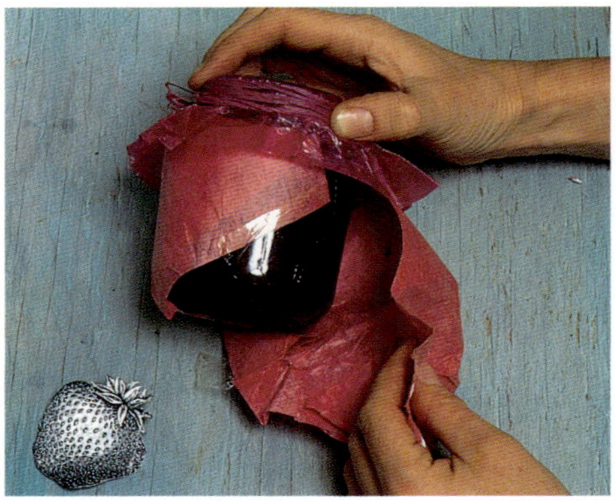

1

Das Glas Erdbeerkonfitüre dekorativ in rosa Papier einwickeln, außen eine ausgeschnittene Papiererdbeere aufkleben und dabei zugleich das Einwickelpapier befestigen.

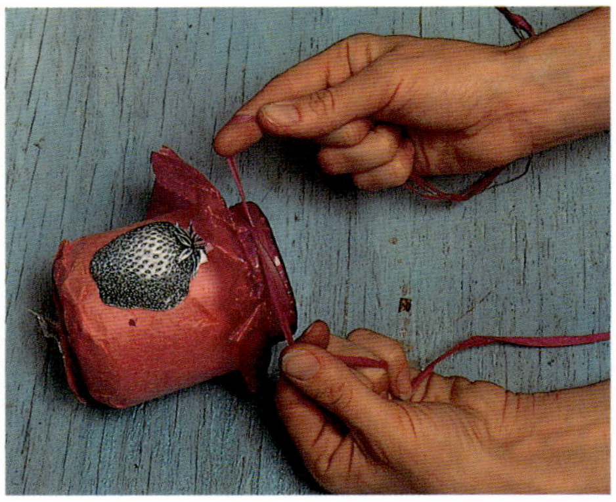

2

Mit Bast das Pergamin um den Deckel des Glases knoten. Das Körbchen mit dem Buntpapier auslegen. Ein Rosensträußchen mit Bast verzieren und zusammen mit der Konfitüre in das Körbchen legen.

Weihnachtlicher Präsentkorb

Verzieren Sie einen Weidenkorb mit vergoldeten Efeublättern und füllen Sie ihn mit winterlichem Augenschmaus, etwa einem buntlaubigen Efeu, Beeren und Zier-Ananas. Legen Sie als kleine Gaben Bienenwachskerzen und kandierte Früchte dazu.

MATERIAL

Strauchefeu
Goldpaste oder Goldfarbe
Weidenkorb
Schere
Sackleinen
Buntlaubiger Efeu im Topf, dazu Beeren
Geschenke

1

Zum Vergolden der Efeublätter die Goldpaste auftupfen. Den Korbrand mit den Blättern verzieren.

2

Ein Stück Sackleinen passend zuschneiden und die Ränder ausfransen. Den Korb damit auslegen und mit dem Efeu und den Geschenken füllen.

Türkranz aus Zweigen

Heißen Sie Ihre Gäste in der Vorweihnachtszeit schon an der Tür mit diesem ganz schlichten Kranz willkommen. Zu einem Herzen geflochtene Zweige werden mit Efeu, Beeren sowie einer Christrose verziert – notfalls tut es auch eine normale weiße Rose.

MATERIAL

Gartenschere
Biegsame Zweige aus dem Garten, z. B. von Schmetterlingsflieder
Blumendraht
Seegraskordel
Buntlaubige Efeuranken
Rote Beeren
Strauchefeu
Ggf. Goldpaste
Weiße (Christ-) Rose
Goldschnur

1
Mit der Gartenschere sechs Zweige von etwa 70 cm Länge zuschneiden. Jeweils drei davon an einer Seite mit Draht zusammenbinden. Die beiden Bündel am Draht übereinanderlegen.

2
Die beiden Bündel über Kreuz verdrahten.

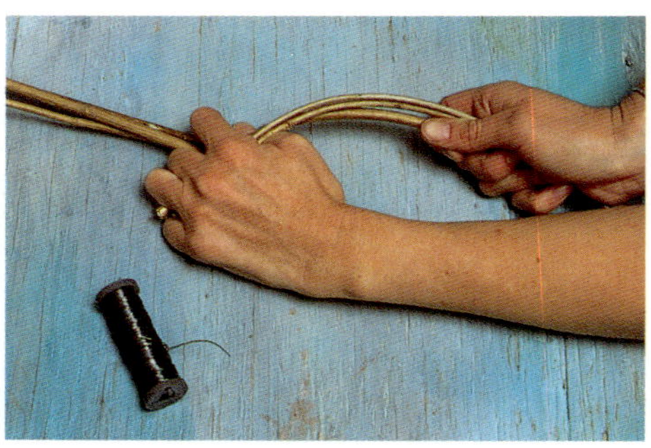

3
Die Kreuzungsstelle mit einer Hand festhalten, die Zweige vorsichtig rundbiegen und nach unten ziehen, bis eine Herzform entsteht. Dabei aufpassen, daß sie nicht brechen. Die beiden Bündel an der Spitze verdrahten.

4
Über den Draht jeweils Seegraskordel wickeln und an der Oberseite eine Schlaufe bilden.

5
Die Efeuranken locker um das Herz winden.

6
Die Beeren hinzufügen. Ein paar Strauchefeublätter (die Sie zuvor vergolden können, wenn Sie mögen) und die Rose mit Goldschnur zu einem kleinen Sträußchen binden und an der oberen Einkerbung des Herzens andrahten.

Blumensträußchen

Blumen sehen am schönsten aus, wenn sie ganz schlicht arrangiert sind. Schnittblumen aus dem Garten kann man mit etwas Grün zu einem hübschen Sträußchen binden, das der oder die Beschenkte nur noch auszuwickeln und in die Vase zu stellen braucht.

MATERIAL

Gartenschere
Rosen
Eukalyptuszweige
Skabiosen
Packpapier
Schleifenband

1

Mit der Gartenschere die Stiele auf ca. 15 cm kürzen.

2

Die Blumen binden. Jede Rose mit etwas Eukalyptus zusammenstellen, die Skabiosen hinzufügen.

3

Das Sträußchen in Packpapier wickeln und mit einer Schleife verzieren.

Duftbukett

Früher steckte man sich solche Sträußchen als eine Art persönliches Parfüm ans Revers oder ans Mieder. Unser Sträußchen ist eine Komposition aus den Grünnuancen von Salbei und Thymian, kombiniert mit dem zarten Violett von Lavendel und Skabiosen.

MATERIAL

6 Skabiosen
Frischer Thymian
Frischer Lavendel
Frischer Salbei
Bast in passender Farbe

1
Die Skabiosenblüten mit frischem Thymian einfassen.

2
Darum einen Kranz von Lavendelblüten legen. Der Strauß soll schön gleichmäßig bleiben.

3
Außen herum Salbeizweige dazulegen und alles mit einem Bündel Bast binden.

Osterdekoration

Buntgefärbte Eier verwandeln Frühlingsblumen in eine hübsche Osterdekoration. Auch hier ist Schlichtheit das Motto: Wählen Sie einen dicken Blumenstrauß und nur einige wenige Eier, die auf einem Moosbett wie in einem kleinen Nest liegen.

MATERIAL

Hartgekochte Eier
Lebensmittelfarbe (wenn Sie die Eier essen möchten) oder Stoffarbe (wenn sie nur zur Dekoration dienen sollen)
Ein Marmeladenglas pro Farbe
Essig
Salz
Gartenschere
Tulpen oder andere Frühlingsblumen
Vase
Moos
Schale

1

Eier gründlich waschen, dann die Farbe anmischen. Geben Sie je ein halbes Fläschchen Lebensmittelfarbe bzw. eine halbe Tablette Stoffarbe in ein leeres Marmeladenglas und füllen Sie mit 300 ml heißem Wasser auf.

2

2 EL Essig und 1 EL Salz hinzufügen. Jeweils ein Ei in ein Glas legen und einige Minuten ziehen lassen, dabei die Farbe ab und zu prüfen.

3

Sobald ein Ei die gewünschte Farbintensität hat, nehmen Sie es heraus und färben das nächste. Je mehr Eier Sie färben, desto schwächer wird die Farblösung, so daß Sie die Eier länger darin belassen müssen, um die gleiche Intensität zu erzielen. Die Blumenstiele mit der Gartenschere um 1 cm kürzen und in die Vase stellen. Um das Arrangement zu vervollständigen, legen Sie die Eier in einem Moosbett auf die Schale und stellen sie dazu.

Haltbare Dekorationen

Die Natur hat viele wunderschöne Strukturen und Farben zu bieten, die ohnehin lange halten oder mit einfachen Tricks haltbar gemacht werden können. Es lohnt sich immer, am Wegesrand oder auf dem Markt nach getrockneten Blumen, Blättern, Gräsern und ganzen Gewürzen zu stöbern. Sammeln Sie auch Bast und ausgefallene Kordeln und Schnüre und machen die Trockenblumen damit zu hübschen, durch und durch natürlichen Geschenken.

Lavendel-Wäschekorb

Ein mit Lavendelblüten dekorierter Korb wird zu einer aromatisch duftenden Ablage für Tischtücher und Servietten. Sie können ihn auf der Küchenanrichte stehen lassen, damit Sie stets saubere, frische Geschirrtücher zur Hand haben.

MATERIAL

Getrockneter Lavendel
(2 Bund für den Henkel sowie etwa 1 Bund pro 10 cm Korbrand)
Blumendraht
Schere
Weidenkorb
Klebepistole und Patronen
Blaues.Papierband
Blaue Schnur

1

Binden Sie mit Draht so viele Sträußchen von jeweils etwa sechs Stielen zusammen, wie Sie für den Rand des Korbes brauchen. Seien Sie dabei ruhig großzügig. Staffeln Sie die Blütenköpfchen etwas, damit sie gut zur Geltung kommen. Die Stiele kürzen.

2

Für den Henkel den restlichen Lavendel zu 12 Sträußen von je etwa 12 Stielen verdrahten, die Stiele dabei lang lassen.

3

Drei Bündel sternförmig übereinanderlegen und verdrahten. Mit den anderen neun Bündeln ebenso verfahren, so daß Sie vier ›Sterne‹ haben.

4

Die kleinen Sträußchen mit der Klebepistole oder Draht am Rand des Korbes befestigen. Von außen nach innen in Richtung Henkel arbeiten. Die Büschel großzügig überlappen lassen, bis der gesamte Seitenrand dicht bedeckt ist.

5

Nun einzelne Blütenköpfchen in ›Löcher‹ und über sichtbare Drähte oder häßliche Stielenden kleben, vor allem am Henkel, wo man zum Schluß praktisch nur noch Stiele hat.

6

Das blaue Papierband um den Henkel winden. Die langen Lavendelbüschel an den Henkel drahten, die Stiele etwas kürzen, aber nur soviel, daß sie ordentlich aussehen. Die Stiele auf der Innenseite des Henkels kürzen, damit sie hineinpassen. Den Draht zuletzt mit blauer Schnur überdecken.

Ährenherz

Basteln Sie zur Erntezeit, wenn es überall reifen Weizen gibt, ein Herz aus Ähren als hübsche Dekoration, die sich auf einer Wand oder an einer Kommode das ganze Jahr über sehr gut macht. Trotz der zarten, fast zerbrechlichen Wirkung ist das Herz ganz robust und hält viele Jahre.

MATERIAL

Schere
Dicker Silberdraht oder dergleichen
Kreppklebeband
Blumendraht
Großes Bund Weizenähren

1

Drei lange Stücke von dem dicken Draht abschneiden und zu einer Herzform zusammenbiegen.

2

Das Herz mit Kreppband umwickeln.

3

Mit Blumendraht so viele kleine Weizenbüschel binden, wie Sie brauchen, um das Drahtherz dicht damit zu bestecken. Lassen Sie etwas Draht überstehen, um die Büschel an der Herzform zu befestigen.

4

Befestigen Sie das erste Büschel mit dem Kreppklebeband an der Herzspitze.

5

Das zweite Büschel wird unter das erste gesteckt und mit Klebeband befestigt. Genauso fortfahren, bis das ganze Herz bedeckt ist.

6

Für die Spitze etwa sechs Ährenbündel zusammendrahten, die Drähte verzwirnen und an das Herz drahten. Mit Klebeband ausgleichen und glätten. So wie links auf dem Foto sollte die Rückseite Ihrer fertigen Arbeit aussehen.

Strohblumenbäumchen

Trockenblumen eignen sich gut für sorgfältig arrangierte Formen. Hier entsteht aus Strohblumen und Rittersporn ein kegelförmiges ›Bäumchen‹, das Ihnen lange Freude bereiten wird. Der um den Topf gewickelte farblich passende Stoff gibt den letzten Pfiff.

MATERIAL

Kleiner Blumentopf
Stoffquadrat in passender Größe
Messer
Kleiner Hartschaumkegel
4 Blumen-Stieldrähte
Hartschaumkegel von ca. 18 cm Höhe
Schere
Ein Bund getrockneter dunkelblauer Rittersporn
Ggf. Blumendraht
Ein Bund getrocknete gelbe Strohblumen

1

Den Blumentopf mitten auf den Stoff stellen und zunächst die Ecken, dann die losen Seiten in den Topf hineinstopfen, bis er ganz eingeschlagen ist.

2

Den kleinen Kegel für den Topf passend zurechtschneiden. Die vier Stieldrähte so einsetzen, daß sie über den Topf hinausragen. Darauf den größeren Kegel fest verankern.

3

Die Blüten des Rittersporns bis auf kleine Stielreste abschneiden und in den Hartschaum stecken. Den Rittersporn in vier Streifen längs auf den Kegel stecken und so viele Blüten hinzufügen, daß breite blaue ›Bänder‹ entstehen. Die meisten Stiele sind lang genug, daß man die Blüten direkt in den Schaum stecken kann. Falls nicht, drahtet man sie an. Zum Schluß die Zwischenräume mit Strohblumen ausfüllen.

Dekoration aus Blättern und Blüten

Dekorationen sind um so schöner, wenn sie ganz aus natürlichen Materialien bestehen, wie hier aus haltbar gemachten Eichen- und Buchenblättern und getrockneten Hortensienblüten. Die Kugeln sind eine leicht zu machende, niedliche Tischdekoration.

MATERIAL

Schere
Getrocknete Blütenstände von Bauernhortensien (ca. 2 pro Kugel)
Klebepistole mit Patronen
Hartschaumkugeln von ca. 7,5 cm Durchmesser
Buchenblätter, mit Glyzerin haltbar gemacht
Eichenblätter, mit Glyzerin haltbar gemacht oder getrocknet
Goldpaste

1

Die einzelnen Blüten von der Dolde schneiden und die am schönsten gefärbten beiseite legen. An diesen ein Stückchen Stiel belassen, die übrigen direkt am Ansatz abschneiden. Die Blüten vorsichtig mit der Oberseite nach unten auf eine Kugel kleben.

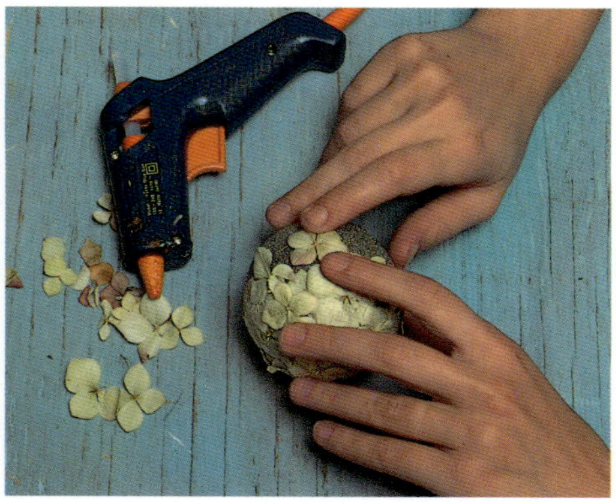

2

Fortfahren, bis die Kugel vollständig bedeckt ist.

3

Einen Tropfen Kleber auf die Rückseite der beiseite gelegten Blüten geben und diese mit der Oberseite nach oben auf die Kugel kleben. Wenn Sie ein bißchen vom Stiel stehen gelassen haben, kann er nun in den Ball gesteckt werden, damit die Blüten besser haften. Lassen Sie ruhig zu, daß die Blüten sich ein wenig kräuseln und aufstellen, dadurch wirkt die Kugel natürlicher. Fortfahren, bis die Kugel vollständig bedeckt ist. Für die Laubkugeln zunächst die Buchenblätter mit etwas Goldpaste vergolden. Die Buchen- und Eichenblätter einander überlappend auf je eine Kugel kleben, bis der Hartschaum nicht mehr sichtbar ist.

Hortensientopf

Getrocknete Pflanzen können zu schlichten, doch exquisiten Geschenken verarbeitet werden. Für diesen Vorschlag wird nur eine einzige Hortensienblüte benötigt.

MATERIAL

Klebstoff
Getrocknetes, gefärbtes Eichenblatt
Kleiner Tontopf
Farbiger Bast
Schere
Getrockneter Blütenstand einer Bauernhortensie

1
Mit einem Tropfen Klebstoff das Blatt an den Blumentopf kleben und den Bast verknoten. Auf der Rückseite den Bast festkleben.

2
Den Stiel der Hortensie kürzen, so daß der Blütenstand genau auf dem Topfrand liegt. Die Blüte in den Topf stellen.

Gewürztöpfe

Präsentieren Sie verschiedene getrocknete Kräuter und Gewürze dekorativ in Terrakottatöpfen und stellen diese in einen Drahtkorb.

MATERIAL

Zimtstangen
Getrocknete Lorbeerblätter
Knoblauch
Getrocknete rote Chilischoten
Kleine Tontöpfe
Drahtkorb
Draht
Bast

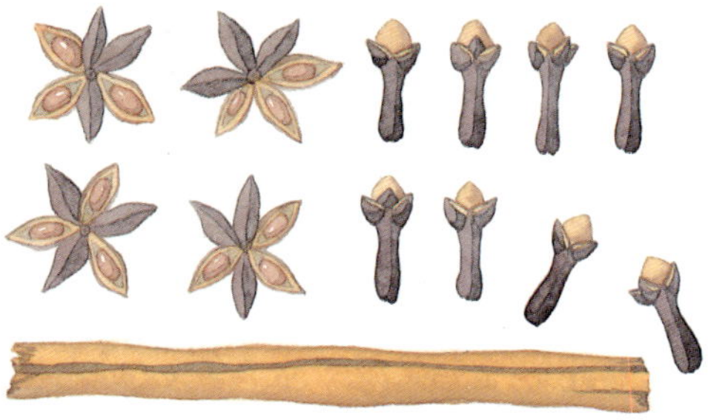

1
Die Blumentöpfe mit den Ingredienzen in den Drahtkorb stellen.

2
Ein Stück Draht zu einem Herzen formen und mit Bast umwickeln, dabei je ein Stück Bast überstehen lassen. Damit das Herz zusammenbinden und am Korb befestigen. Zum Schluß zu einer dicken Schleife binden.

Blattbilder

Das zarte Netzwerk der Blätter weist oft so überraschend schöne Formen auf, daß sie ohne weiteres in einem Bild zur Schau gestellt werden können. Präsentieren Sie die Blätter als Naturkollagen auf handgeschöpftem Papier in einfachen Rahmen.

MATERIAL

Hölzerner Bilderrahmen
Schmirgelpapier
Farbe
Pinsel
Passepartoutkarton
Bleistift
Schere
Netzblatt
Goldpaste
Klebepistole mit Patronen
Trägerpapier

1

Den Rahmen auseinandernehmen und abschmirgeln, damit die Farbe besser haftet. Hier wurde eine transparente wasserlösliche Farbe verwendet, Sie können im Prinzip aber auch jede andere nehmen.

2

Die Farbe trocknen lassen und dann so sehr abschmirgeln, daß der Holzrahmen nur eben in den Vertiefungen etwas Farbe aufweist und die Oberfläche schattiert wirkt.

3

Mit der Rückwand des Rahmens auf dem Passepartoutkarton mit dem Bleistift die Umrisse markieren.

4

Den Passepartoutkarton zuschneiden.

5

Das Blatt mit Goldpaste einreiben. Es braucht etwas Zeit, bis die Paste gut eingezogen ist.

6

Den Passepartoutkarton auf der Rahmenrückwand festkleben und das Trägerpapier in die Mitte kleben. Darauf das Blatt befestigen. In diesem Fall haben wir das Blatt in die Mitte gelegt und den Stiel über das weiße Papier hinausragen lassen. Zum Schluß den Rahmen wieder zusammensetzen.

Duftender Adventsschmuck

Suchen Sie die Zutaten in der Vorratskammer und in der Sammelsurium-Kiste zusammen, fügen Sie ein paar Elemente aus dem Garten und getrocknete Fruchtscheiben hinzu – und schon haben Sie eine ausgefallene Adventsgirlande, die Sie vors Fenster hängen oder später als Baumschmuck verwenden können.

MATERIAL

Blumen-Stieldraht
Kleine Zweigbündel
Goldpaste
Getrocknete Lorbeerblätter
Getrocknete Birnenscheiben
Stoffstreifen
Getrocknete Apfelscheiben
Getrocknete Orangenscheiben
Kleine Gummibänder
Zimtstangen
Goldschnur
Stummel von Bienenwachskerzen

1
Die Zweigbündel verdrahten und mit etwas Goldpaste vergolden.

2
Für die Fruchtbündel je einen Stieldraht an einem Ende zu einer kleinen Schlaufe biegen und getrocknete Lorbeerblätter sowie eine Birnenscheibe auffädeln, bei letzterer oben und unten durch die Schale stechen. Das obere Ende ebenfalls zu einer Schlaufe umbiegen.

3
Einen bunten Stoffstreifen in die untere Schlaufe knoten und ein Stück grünes Band (hier ein Tüllband), das wie Blätter wirken soll, durch die obere Schlaufe ziehen. Für die Apfelbündel zuerst die dicken Apfelscheiben und darauf die Lorbeerblätter fädeln.

4
Die dünneren Apfelscheiben paarweise andrahten. Dazu den Draht durch die Mitte stechen und die Enden zusammendrehen. Die Orangenscheiben ebenso andrahten.

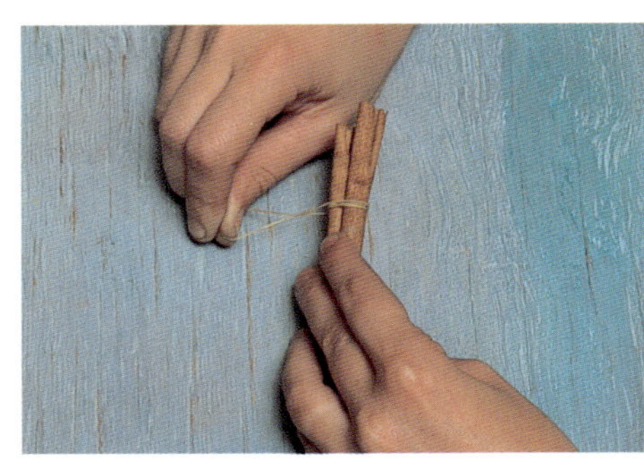

5
Mit kleinen Gummibändern die Zimtstangen bündeln.

6
Verwenden Sie entweder jedes Teil einzeln als Baumschmuck oder machen Sie daraus eine Girlande, die Sie in den Weihnachtsbaum oder ans Fenster hängen. Wir haben dazu Goldschnur verwendet. Die Bienenwachskerzen werden einfach in Abständen dazwischengeknotet.

Haltbares Christbäumchen

Dieses hübsche Bäumchen besteht aus gefärbten, haltbar gemachten Eichenblättern und wird mit vergoldeten Tannenzapfen verziert. Eine bezaubernde Dekoration zur Weihnachtszeit! Basteln Sie gleich mehrere und stellen Sie sie als Tischdekoration auf.

MATERIAL

Messer
Ein Bund gefärbte, getrocknete Eichenblätter
Blumendraht
Kleine Tannenzapfen
Goldpaste
Blumentopf, 18 cm hoch
Kleiner Hartschaumkegel
4 Blumen-Stieldrähte
Hartschaumkegel, ca. 18 cm hoch

1

Die Blätter von den Zweigen schneiden und die Stiele kürzen. Jeweils vier Blätter bündeln. Einige Bündel nur aus kleinen Blättern, einige nur aus mittelgroßen und einige nur aus großen Blättern zusammenstellen.

2

Ein Stück Draht um das untere Ende jedes Tannenzapfens wickeln und verzwirnen. Die Zapfen mit Goldpaste einreiben.

3

Den kleineren Kegel zurechtschneiden und in den Topf stecken, den großen darauf mit Hilfe der Stieldrähte befestigen. Die Blätter in den Kegel stecken, dabei an der Spitze mit den kleinen Blättern beginnen und nach unten fortfahren. In der Mitte die mittleren und schließlich unten die großen Blätter verwenden, so daß der Baum echter wirkt. Zum Schluß die vergoldeten Tannenzapfen dazwischenstecken.

Fruchtiges Bäumchen

Mit Glyzerin haltbar gemachte Blätter bilden eine langlebige Grundlage für ein Deko-Bäumchen. Man bekommt sie fertig als Zweige zu kaufen, Sie können aber auch Blätter aus dem eigenen Garten in Glyzerin tauchen.

MATERIAL

Gartenschere
3 Zweige mit Glyzerin behandelte Buchenblätter
Blumen-Stieldrähte
Getrocknete Birnenscheiben
Hartschaumkugel, Durchmesser ca. 13 cm
Blumentopf, 18 cm hoch

1

Die Blätter von den Zweigen schneiden und die Stiele kürzen. Kleine Bündel zu je vier bis sechs Blättern zusammendrahten und die Drahtenden verzwirnen.

2

Durch die Birnenscheiben einen Draht stechen und die Enden zusammendrehen.

3

Den oberen Teil der Hartschaumkugel dicht mit Blattbündeln bestecken.

4

Die Birnenscheiben dazustecken und die Kugel in den Topf legen.

Gewürzbäumchen

Basteln Sie doch einmal ein wunderbar aromatisch duftendes Gewürzbäumchen aus Nelken und Sternanis, mit einem Zimtstern als krönendem Abschluß. Das Bäumchen steht in einem mit Zimtstangen garnierten Terrakottatopf. Die vielen Nelken in den Hartschaum zu stecken ist ganz einfach und beruhigt das Gemüt.

MATERIAL

Ein kleiner schmaler Terrakotta-Blumentopf
Messer
Zimtstangen
Klebepistole mit Patronen
Hartschaumkegel, ca. 23 cm hoch
Kleiner Hartschaumkegel
Blumen-Stieldrähte
Eine große Packung Sternanis
Gewürznelken

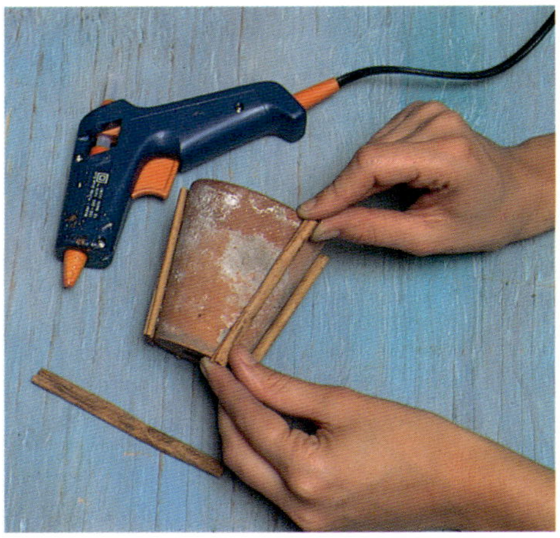

1
Die Zimtstangen auf die Höhe des Topfes kürzen und darauf festkleben.

2
Die Spitze des großen Kegels abrunden. Den kleinen Kegel zurechtschneiden und in den Topf stecken. Vier Stieldrähte hineinstecken und über den Rand hinausragen lassen.

3
Den größeren Kegel auf den herausstehenden Stieldrähten verankern.

4
Alle unbeschädigten und notfalls alle fast vollständigen Sternanis heraussuchen – Sie benötigen insgesamt etwa 20 Stück. Um jeden Stern über Kreuz zwei gebogene Drahtstücke legen, die Drahtenden zusammendrehen und auf ca. 1 cm kürzen.

5

Zunächst nur die Anissterne in Reihen in den Kegel stecken (etwa drei pro Viertel), zwischen die Reihen nochmals je zwei. Dann alle Zwischenräume so dicht mit Nelken ausfüllen, daß von dem Hartschaum nichts mehr zu sehen ist.

6

Zwei Stücke Stangenzimt über Kreuz aufeinanderkleben, andrahten und auf die Spitze des Bäumchens stecken.

Trockenblumentopf

Trockenblumen sehen immer am besten aus, wenn mehrere Blüten zusammen verwendet werden. Wir zeigen Ihnen hier ein charmantes Arrangement von Rosen und Lavendel in einem rustikalen Tontöpfchen, das mit einer Bastschleife verziert wird.

MATERIAL

Messer
Kleiner Hartschaumkegel
Hoher, schmaler Terrakottatopf, nicht zu groß
Getrocknete Rosenknospen
Schere oder Gartenschere
Getrockneter Lavendel
Farbiger Bast
Klebepistole mit Patronen

1

Den Hartschaum zurechtschneiden und in den Topf legen. Die Rosenknospen rundherum an den Rand stecken.

2

Die Lavendelstiele auf ca. 1 cm kürzen und damit die Mitte des Topfes füllen. Bast um den Topf schlingen und zu einer üppigen Schleife binden. An der Rückseite mit einem Tropfen Klebstoff befestigen.

Ein Blumenkorb, der nie verwelkt

Hortensien, hier zu einem prachtvollen Korb zusammengestellt, lassen sich ganz leicht zu Hause trocknen: Einfach die Blütenstände abschneiden und in 1 cm Wasser stehen lassen. Die Blüten nehmen das Wasser auf und trocknen dann allmählich aus.

MATERIAL

Messer
Hartschaumblöcke
Bemalter Holzkorb
Getrocknete Bauernhortensien
Getrocknete Artischocken
Webband

1

Den Hartschaum passend zuschneiden und den Korb damit füllen. Die Hortensien hineinstecken, so daß der obere Teil des Korbes ganz bedeckt ist.

2

Die getrockneten Artischocken an einer Seite als Kontrast hinzufügen.

3

Das Band an einer Henkelseite zu einer Schleife binden.

Kranz aus getrockneten Kräutern

Ein Lavendel-Kräuterkranz ist ein wundervoll rustikaler, aromatisch duftender Wandschmuck. In diesem Fall verwenden wir Beifuß, Estragon, Liebstöckel und große französische Lavendel-Fruchtstände.

1
Alle getrockneten Kräuter und Blumen mit Ausnahme der Lavendel-Fruchtstände zu kleinen Bündeln verdrahten.

MATERIAL

Schere
Blumendraht
Getrockneter Lavendel
Getrockneter Beifuß
Getrockneter Liebstöckel
Getrockneter Estragon
Klebepistole mit Patronen
Kleiner Weidenkranz
Getrocknete Lavendel-Fruchtstände

2
Mit der Klebepistole ein Bündel Lavendel auf den Weidenkranz kleben.

3
Als nächstes ein Bündel Beifuß festkleben.

4
Ein Stückchen weiter ein Bund Liebstöckel befestigen.

5
Gehen Sie in der gleichen Weise rund um den Kranz weiter. Kleben Sie dabei abwechselnd die verschiedenen Kräuterbündel auf, bis der Kranz dicht überzogen ist. Das fedrige Estragon sollten Sie so verteilen, daß der Kranz üppiger und voller wird.

6
Zum Schluß die Lavendel-Fruchtstände als Strukturelemente einzeln dazwischenkleben.

Herzen und Küsse

Für diese charmante Liebeserklärung, eine Collage aus Naturmaterialien, verwendeten wir tropische Samenschalen und Zimtstangen auf feinem Leinen. Sogar der ganz einfache Holzrahmen ist mit riesigen Zimtstangen beklebt.

MATERIAL

Bilderrahmen aus Holz
Brauner Passepartoutkarton
Schere
Feines Leinen
Klebepistole mit Patronen
Messer
Kleine Zimtstangen
Blumendraht
Herzförmige tropische Samenschalen, ersatzweise Kokosschale, herzförmig zugeschnitten
4 sehr große Zimtstangen

1

Das Glas aus dem Bilderrahmen nehmen und den Passepartoutkarton auf die Sperrholzplatte kleben. Das Leinen zuschneiden und die Stoffkanten ausfransen. Den Klebstoff an den Rändern des Stoffes tropfenweise auftragen und den Stoff auf den Karton kleben.

2

Sechs kurze Stücke Zimt zu drei Kreuzen zusammenkleben und über Kreuz verdrahten.

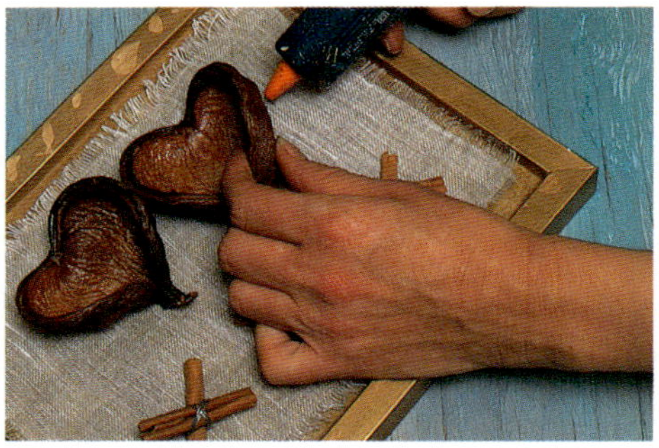

3

Die herzförmigen Samenkapseln in den oberen Teil des Bildes kleben, die ›Küßchen‹ aus Zimt in den unteren Teil.

4

Zum Schluß den Rahmenrand mit den Zimtstangen bekleben. Dazu zwei Stangen auf die Breite und zwei auf die Höhe des Rahmens zuschneiden. Zuerst eine Stange oben auf den Rahmen kleben, dann eine auf die Unterkante, schließlich die beiden Seitenteile.

Dekorativ angerichtete Artischocken

Es wäre zu schade, wenn die wunderschönen rosigen Farbschattierungen der Stielansätze getrockneter Artischocken im Gefäß versteckt würden. Bei diesem Arrangement sind sie gut zu sehen. Eine herrlich natürliche Dekoration!

MATERIAL

Kleiner Blumentopf
Quadratisches Stück feines Leinen
Farbiger Bast
Getrocknete Artischocken in rosigen Farbtönen

1

Den Topf in die Mitte des Leinens stellen und die Stoffenden in den Topf stopfen.

2

Alle sonstigen losen Stoffteile ebenfalls hineinstecken und das Leinen mit Bast festbinden. Die Artischocken quer auf den Topf legen, so daß die schönen Farben am Stielansatz sichtbar sind.

Gewürz-Pomander

Pomander werden aus aromatischen Naturmaterialien zusammengesetzt und als Duftkugeln verwendet. Traditionell macht man sie aus Orangen, in die Nelken gesteckt werden. Allerdings geht beim Trocknen häufig etwas schief, und das Ergebnis sind schimmelige, unschöne Orangen. Dieser Pomander dagegen besteht aus Nelken und Kardamomsamen und bildet mit seinen sanften Farben eine erfrischende Abwechslung.

MATERIAL

Gewürznelken
Hartschaumkugel, Durchmesser ca. 7,5 cm
Klebepistole mit Patronen
Grüne Kardamomsamen
Bast
Blumen-Stieldraht

1

Zunächst eine Reihe Nelken ganz um die Kugel herum stecken, dann eine zweite Reihe im rechten Winkel dazu, so daß die Kugel geviertelt ist.

2

Zu beiden Seiten der ersten Reihen je eine weitere Reihe Nelken stecken, so daß vier breite Streifen entstehen.

3

Die Kardamomsamen flach auf den Hartschaum kleben. Dazu an der Spitze eines Viertels beginnen und systematisch in Reihen arbeiten, damit die Verteilung ordentlich wirkt. Bei den anderen drei Vierteln genauso vorgehen.

4

In die Mitte des Baststücks eine Schleife binden. Den Stieldraht biegen und durch den Knoten ziehen, die Enden zusammendrehen.

5

Den Stieldraht mit der Schleife oben in die Kugel stecken.

6

Die losen Bastenden zu einer Schlaufe verknoten.

Geschenke

Was könnte mehr Freude bereiten als Geschenke, die sich auf ländliche Traditionen berufen? Sie sind etwas Besonderes, weil sie die Jahreszeiten spiegeln, ohne daß der Lauf der Zeit ihnen etwas anhaben könnte. Sammeln Sie alle natürlichen Materialien, die Sie finden, seien es Muscheln, schönes Papier, Stoffe, Draht – und machen Sie daraus ein ganz ausgefallenes, persönliches Geschenk.

Schlafwohl-Kissen

Viele Leute schwören noch heute auf die heilsamen Kräfte solcher Kräuterkissen, die traditionell mit Kamille und Hopfen gefüllt waren. Als Verwandter des indischen Hanfs (Cannabis) fördert Hopfen wohligen Schlaf, zugleich sorgt die Kamille für Entspannung. Kaufen Sie eine fertige ›Schlafwohl‹-Mischung oder stellen Sie sie aus Kamille, Zitroneneisenkraut (Lippia citrionella) und ein paar Hopfendolden selbst her. Füllen Sie das spitzenverzierte Kissen damit, und freuen Sie sich auf eine gute Nacht.

MATERIAL

2 m x 20 cm dünnes Leinen (kann aus zwei oder mehr kürzeren Stücken zusammengefügt werden)
Stecknadeln, Nähnadeln und Nähgarn
Schere
50 x 25 cm reine Baumwolle
Kräutermischung
1 m alte Spitze
1 m Ripsband, 1 cm breit
4 Perlmuttknöpfe

1

Kleinere Leinenabschnitte zu einem Streifen von insgesamt 2 m Länge zusammensetzen. An den Schmalseiten rechts auf rechts zu einem Ring zusammennähen. Den Saum zurückschneiden. Den Ring links auf links längs in der Mitte falten und nahe den ungesäumten Stoffkanten eine Kräuselnaht anlegen.

2

Zwei 25 x 25 cm große Quadrate aus dem Baumwollstoff zuschneiden. Die Kräuselfäden anziehen, bis die Rüsche an die Kissenkante paßt. Die Rüsche auf der Vorderseite eines Quadrats festnähen, die ungesäumten Kanten zeigen dabei nach außen. Die Stoffkanten ausgleichen und die Kräuselfalten gleichmäßig rings um das Kissen verteilen. Das zweite Quadrat darauflegen und an den Ecken mit Nadeln feststecken. Die Teile zuammennähen, dabei ein Stück Naht für die Füllung offen lassen. Die Saumzugaben zurückschneiden.

3

Das Kissen auf rechts ziehen und mit der Kräutermischung füllen. Die offene Naht schließen.

4

Mit winzigen Stichen die Spitze in etwa 2,5 cm Abstand von der Kante auf das Kissen nähen.

5

Das Ripsband an die Spitze nähen, dabei die Ecken sauber diagonal falten.

6

Zum Schluß in jede Ecke einen kleinen Perlmuttknopf nähen.

Mit Kräutern gefüllter Topfuntersetzer

Der mit Zimt, Nelken und Lorbeerblättern gefüllte Untersetzer schützt die Tischplatte vor heißen Töpfen und Pfannen. Zugleich wird durch die Wärme der wunderbare Duft der Kräuter freigesetzt, die gleichmäßig in dem Kissen verteilt bleiben.

MATERIAL

Schere
Mindestens 62 x 55 cm Matratzendrillich
Stecknadeln, Nähnadeln und Nähgarn
Gewürzmischung zum Füllen, z.B. getrocknete Lorbeerblätter, Nelken, Zimtstangen
Starke Polsterernadel
Baumwollschnur

1

Zunächst den Aufhänger aus einem 5 x 30 cm großen Streifen Drillich zuschneiden. Den Stoff rechts auf rechts längs falten. Die Längsseite zusammennähen, die Schmalseiten offen lassen. Die Saumzugabe zurückschneiden. Auf rechts ziehen und bügeln. In der Mitte falten, so daß eine Schlaufe entsteht. Aus dem Drillich zwei Rechtecke von ca. 62 x 50 cm zuschneiden.

2

Die Kissenteile rechts auf rechts auf eine ebene Arbeitsfläche legen und den Aufhänger so zwischen die Schichten schieben, daß die ungesäumten Stoffkanten an einer Ecke nach außen zeigen.

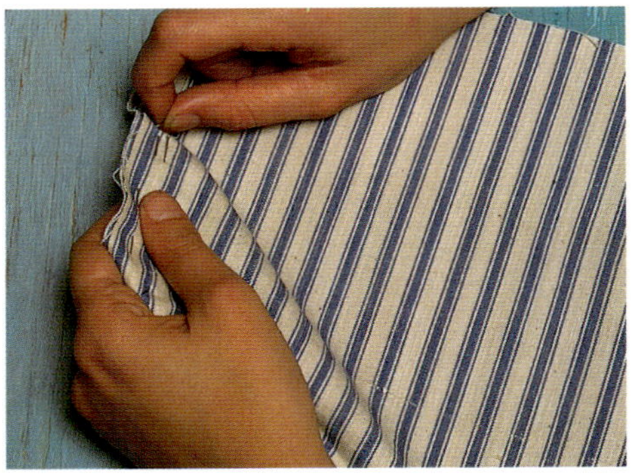

3

Die Teile abstecken und zusammennähen, dabei ein Stück Naht offen lassen. Saumzugaben zurückschneiden. Wenden.

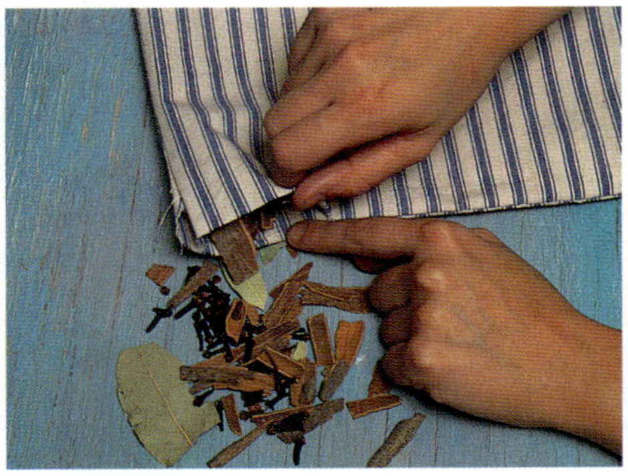

4

Das Kissen mit den Gewürzen füllen.

5

Die offene Naht schließen.

6

Mit der Polsterernadel die Baumwollschnur einziehen. In je 10–15 cm Abstand von beiden Kanten einen Faden einziehen, dabei die Gewürze an dieser Stelle wegdrücken. Die Fadenenden aufdröseln, damit sie fransiger aussehen. Drei weitere Baumwollschnüre in der gleichen Weise einziehen. Die Fadenenden jeweils mit einem Doppelknoten sichern.

Lavendelkissen

Der hübsche Karostoff wird zunächst mit einfachen Applikationen versehen und dann zu kleinen Kissen genäht, die, mit Lavendel gefüllt, in Schubladen frischen Duft verströmen. Diese Kissen werden sicher allgemein Anklang finden.

MATERIAL

Schere
Stoffreste
Papier für die Schablonen
Stecknadeln, Nähnadeln und Nähgarn
Sticktwist in verschiedenen Farben
Getrockneter loser Lavendel
Knopf

1

Zwei 15 x 15 cm große Stoffquadrate zuschneiden. Wenn Sie Karo- oder Streifenstoff verwenden, sollten Sie die genaue Größe vom Muster abhängig machen. Vergrößern Sie das Motiv unten links und verwenden es als Schablone für Vogel und Flügel, die Sie aus andersfarbigem Stoff zuschneiden. Den Vogel auf die rechte Seite eines Quadrats stecken.

2

Den Vogel hohl aufnähen, die Kanten beim Nähen einschlagen. Mit dem Flügel ebenso verfahren.

3

Mit dreifädigem Sticktwist in einer Kontrastfarbe eine Heftnaht rings um die Kontur des Vogels und des Flügels sticken.

4

Die Schwanzfedern mit einigen abgestuften Spannstichen andeuten. Den Knopf als Auge aufnähen.

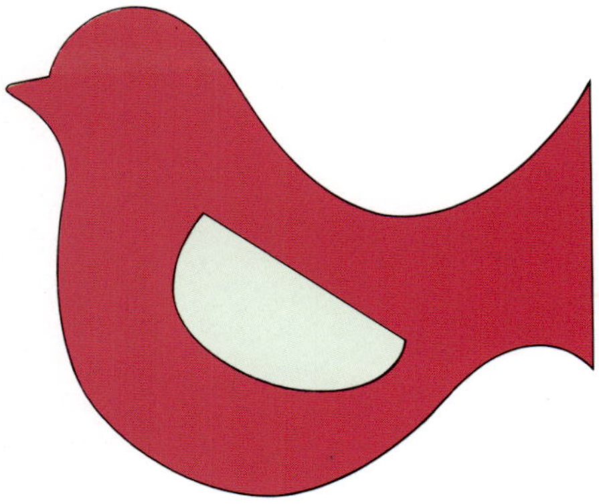

5

Die beiden Quadrate rechts auf rechts zusammennähen, dabei 5 cm offen lassen. Die Saumzugaben zurückschneiden. Das Kissen auf rechts ziehen und bügeln. Mit Lavendel füllen und die Naht hohl schließen.

Lavendelherz mit Spitzenbesatz

Dieses ausgesprochen hübsche Herzchen erinnert an ähnliche Stücke aus viktorianischer Zeit. Es ist aus einfachem cremeweißen Musselin genäht und mit alter Spitze und Satinbändchen verziert. Das Tüllband dient zugleich als Schlaufe, damit Sie das Herz einfach an den Bügel zu Ihren Lieblingssachen hängen können.

MATERIAL

Papier für die Schablone
Schere
Glänzender Musselin, etwa 60 x 20 cm
Stecknadeln, Nähnadeln und Nähgarn
Sticktwist
Perlmuttknopf
Getrockneter loser Lavendel
50 cm alte Spitze
50 cm sehr schmales Satinband
50 cm Tüllband mittlerer Breite

1

Eine etwa 15 cm hohe herzförmige Papierschablone herstellen und als Schnittmuster verwenden. Aus dem Musselin vier Herzformen zuschneiden. Je zwei davon zusammenheften, so daß der Stoff auf jeder Seite doppelt liegt.

2

Ein kleineres Herz aus Musselin zuschneiden und mit Heftstichen mit zweifädigen Sticktwist sorgfältig in die vordere Mitte des größeren Herzens nähen. Eine zweite Reihe Heftstiche im Innern der ersten sticken.

3

Den Knopf an die Einkerbung des kleineren Herzens nähen.

4

Eine dritte Reihe Heftstiche sticken. Die Ränder des kleineren Herzens etwas ausfransen. Die beiden Teile des großen Herzens rechts auf rechts zusammennähen, dabei ein 5 cm langes Stück offen lassen. Die Saumzugaben zurückschneiden, an der V-förmigen Einkerbung einschneiden und die Spitze innerhalb der Saumzugabe kürzen. Das Herz auf rechts ziehen, mit Lavendel füllen und die Naht hohl schließen. Machen Sie sich keine Sorgen, wenn das Herz jetzt noch ziemlich nichtssagend aussieht!

5
Die Spitze akkurat rings um das Herz annähen.

6
Das Satinband über dem Rand der Spitze annähen.

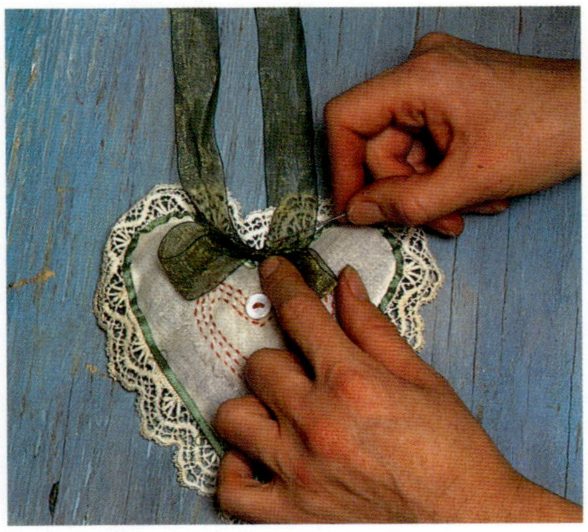

7
Zum Schluß die Tüllschleife annähen. Dabei die langen Enden so legen, daß sie zur Schlaufe gebunden werden können, wenn Sie das Herz an einen Bügel hängen wollen.

Kräuterbeutel für das Bad

So machte man früher ein Kräuterbad: Sie füllen entspannende Kräuter in einen Beutel aus feinem Musselin, binden ihn an den Wasserhahn und lassen das heiße Wasser hindurchlaufen. Dieser Beutel kann mit frischen Kräutern beliebig oft wiederverwendet werden. Kamille und Hopfen wirken entspannend, Basilikum und Salbei stärkend.

MATERIAL

Glänzender Musselin,
etwa 30 x 40 cm
Stecknadeln,
Nähnadeln und Nähgarn

Schere
Stoffreste für den
Tunneldurchzug
1 m schmales Band

Sicherheitsnadel
Fertige Kräuter-Bademischung oder
selbstgemischte Kräuter

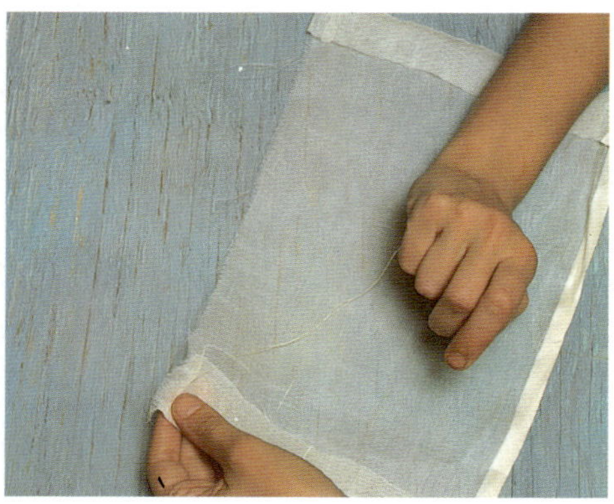

1
An beiden Schmalseiten den Musselin etwa 5 cm rechts auf rechts einschlagen, beide Seiten abstecken und nähen. Die Nahtzugaben zurückschneiden. Wenden.

2
Die ungesäumten Kanten der eingeschlagenen Kanten nach innen umlegen und säumen.

3
Zwei etwa 2,5 cm breite Streifen Baumwollstoff in der Länge des Musselins zuschneiden, dabei ringsum etwa 5 mm für die Nähte zugeben. An beiden Längsseiten einen Saum umbügeln. Die Schmalseiten einschlagen und säumen, dann einen Tunneldurchzug auf der rechten Seite des Musselins feststecken, so daß die Unterkante des Tunnels eine Linie mit der Saumnaht bildet. Den Baumwollstoff akkurat aufnähen. Auf der anderen Seite genauso verfahren.

4
Den Musselin rechts auf rechts falten, so daß die Tunneldurchzüge übereinander liegen. Die Seitennähte von der Unterkante des Tunneldurchzugs bis zum Boden des Beutels abnähen. Die Saumzugaben zurückschneiden.

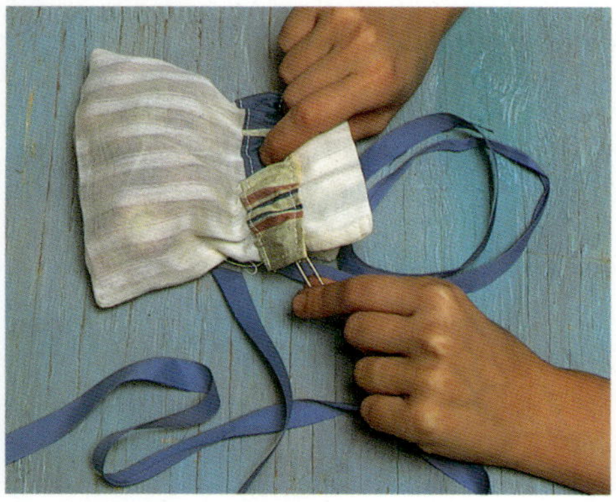

5

Das Band mittig durchschneiden und eine Hälfte mit Hilfe einer Sicherheitsnadel durch den Tunnel ziehen, so daß sich beide Enden auf derselben Seite befinden.

6

Die Sicherheitsnadel an ein Ende der zweiten Bandhälfte stecken und diese in entgegengesetzter Richtung durch den Tunnel ziehen, so daß beide Enden auf der anderen Seite sind. Mit der fertigen Kräutermischung füllen.

Blumentopf mit ›Meeresfrüchten‹

Verzieren Sie einen Blumentopf mit Schnecken, Muscheln und einem alten Netz: Sie können ihn als Übertopf verwenden oder als Behälter für Stifte, Pinsel, Bänder, Bindfaden und andere Kleinigkeiten, die zur Unordnung neigen. Ein ebenso dekoratives wie preiswertes Stück, das bestimmt nicht jeder hat.

MATERIAL

Kleine Netztasche
Blumentopf, 18 cm hoch
Schere
Klebepistole mit Patronen
Dicke Kordel
Kleine Kaurischnecken
Herzmuschelschalen
Seestern

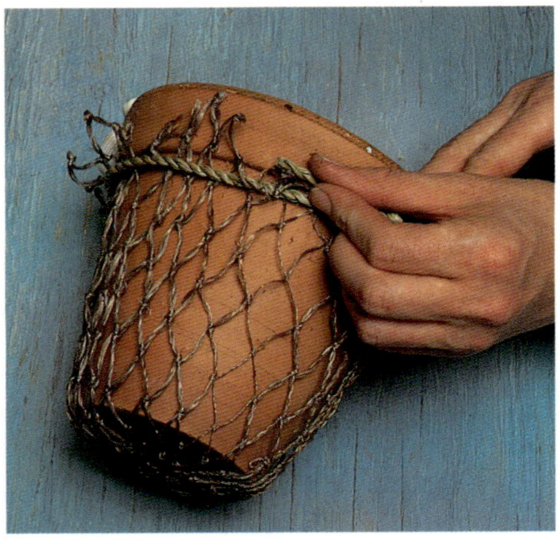

1
Das Netz über den Blumentopf ziehen und den Überstand abschneiden. Mit Klebstoff ein Stück Kordel darüber befestigen.

2
Mit der Klebepistole eine Reihe Kaurischnecken rund um die Oberkante anbringen.

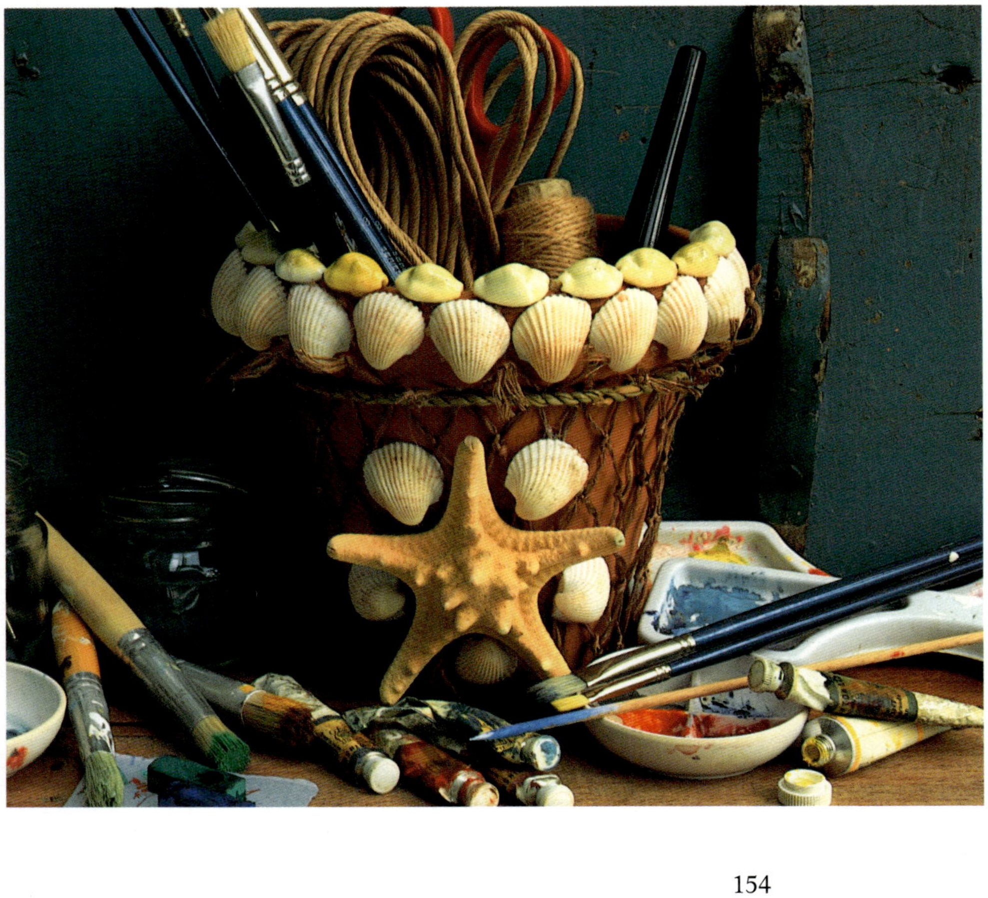

3
Die Herzmuscheln darunter rings um den Rand kleben. Die Vorderseite mit dem Seestern und fünf Muschelschalen verzieren.

Südsee-Schachtel

Eine einfache braune Pappschachtel bekommt einen Hauch von Südseeflair, wenn sie mit halbierten Kaurischnecken verziert wird. Diese Schalen sind in Bastelgeschäften erhältlich. Durch die flachen Oberseiten lassen sie sich besser auf glatte Flächen kleben. In diesem Fall haben wir sie obendrein zu einem Verschlußknebel aufgefädelt.

MATERIAL

Klebepistole mit Patronen
Bast
Kleiner gelbbrauner Karton
Halbierte Kaurischnecken
Polsterernadel

1

Einen doppelt gelegten Streifen Bast vom Boden der Schachtel bis über den Deckel kleben. Die Schlaufe bleibt lose.

2

Kaurischnecken einzeln mit Bast zu einem Bündel auffädeln, den Bast ein Stück überstehen lassen. Mit der Polsterernadel die Vorderseite von vorn aus durchstechen und den Baststreifen einziehen. Innen verknoten.

3

Auf den Deckel und an die Vorderseite dekorativ verteilt halbierte Kaurischnecken kleben.

Kerzenständer mit Muscheln

Ein alter Blumentopf, Jakobsmuschelschalen vom Fischhändler und kleinere Muscheln, wie man sie am Strand sammelt, lassen sich zu einem prachtvollen Tischschmuck verarbeiten, der an Botticellis »Geburt der Venus« denken läßt. Anstatt eine Kerze hineinzustellen, können Sie die Muschelschale mit Trockenblumen füllen.

MATERIAL

Klebepistole mit Patronen
8 gewölbte Jakobsmuschelschalen
Blumentopf, 18 cm hoch
Beutel Herzmuschelschalen
4 flache Jakobsmuschelschalen
Zeitung, Steckmoos
oder anderes Füllmaterial
Untertasse
Kerze
Bast

1

Geben Sie reichlich Klebstoff unten an den Innenrand einer gewölbten Jakobsmuschel. Ein paar Sekunden an den Rand des Topfes drücken, bis der Kleber hält. Die übrigen Jakobsmuscheln ebenso festkleben, dabei etwas überlappen lassen. Ringsum den Rand damit umgeben.

2

In gleicher Weise eine Herzmuschel an die freie Stelle zwischen zwei Jakobsmuscheln kleben. Ringsum fortsetzen.

3

Eine zweite Reihe Herzmuscheln versetzt darunterkleben. Die flachen Jakobsmuscheln mit der Rückseite nach oben unter den Topf kleben, zuerst vorn, dann hinten, dann an den Seiten, damit der Topf gerade steht.

4

Den Topf mit Füllmaterial füllen und darauf eine Untertasse legen. Die Kerze auf die Untertasse stellen.

5

Um den Fuß des Topfes Bast wickeln und zur Schleife binden.

6

Den Fuß nach Belieben mit weiteren Herzmuscheln verzieren. In das Innere des oberen Jakobsmuschelkranzes weitere Schalen stellen, damit das Arrangement wie gefächerte Blütenblätter aussieht.

Muschelverzierter Spiegel

Die feinen rosigen Farbtöne ganz normaler Jakobsmuschelschalen, wie man sie beim Fischhändler bekommt, verzieren einen ausgefallenen Spiegel. Hier wurden große Schalen an die Ecken und kleinere an die Seiten geklebt.

MATERIAL

Schmirgelpapier
Spiegel mit Holzrahmen
Farbe
Pinsel
4 große flache Jakobsmuschelschalen
Klebepistole mit Patronen
10 kleine flache Jakobsmuschelschalen
Seegraskordel
2 Metallösen

1
Den Spiegelrahmen abschmirgeln und in einer Farbe Ihrer Wahl streichen.

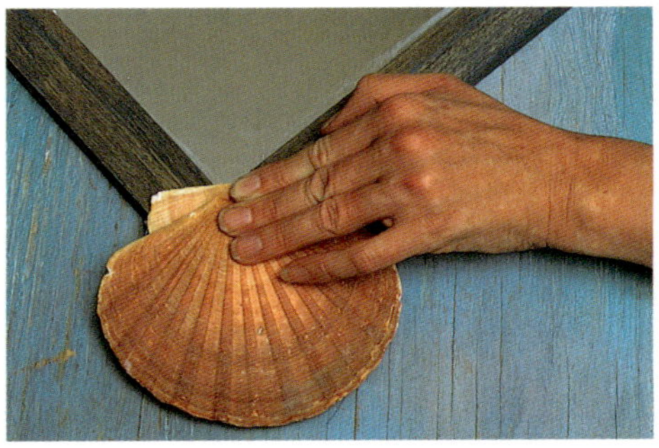

2
Die großen Muschelschalen mit der Klebepistole in die Ecken kleben.

3
Je drei kleinere Muschelschalen an die Längsseiten des Rahmens kleben.

4
Zwei kleinere Schalen an den Schmalseiten des Spiegels befestigen.

5
Drei Abschnitte Seegraskordel flechten. Sie ergeben den Aufhänger.

6
Die Metallösen an beiden Seiten hinten auf den Rahmen schrauben und den Aufhänger daran befestigen.

Herz aus Maschendraht

Die Zutaten liefert der Gartenschuppen: Einfach zwei Herzformen aus Maschendraht zuschneiden und zusammenfügen, damit das Herz schön plastisch wirkt, mit etwas Schnur verzieren – fertig! So, wie abgebildet, sieht das Herz an Innenwänden gut aus, mit dicker Sisalkordel kann man es aber genauso gut draußen aufhängen.

MATERIAL

Zeitung als Schablone
Schere
Maschendraht
Draht- oder Gartenschere
Bindfaden oder andere kräftige Schnur

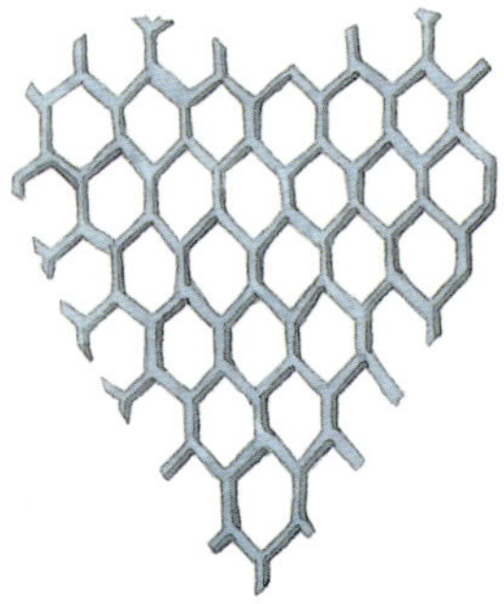

1
Aus Zeitungspapier eine 35 cm lange Herzform ausschneiden. Mit dieser Schablone zwei Herzen aus Maschendraht zuschneiden.

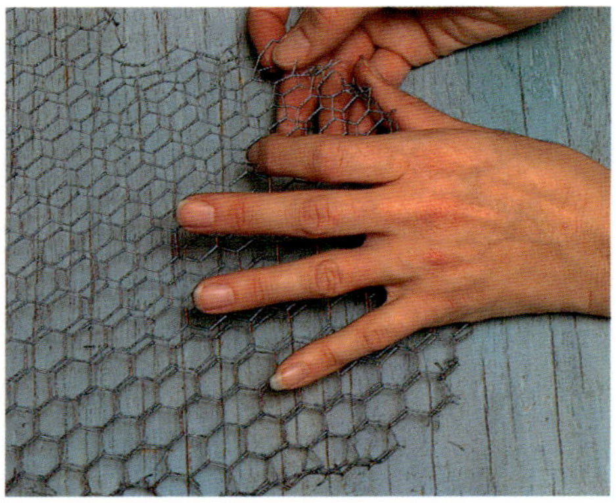

2
Die beiden Drahtteile übereinanderlegen und die losen Drahtenden an allen Seiten nach innen drehen, dabei die Teile verbinden.

3
Rund um die Ränder die Schnur einziehen, dabei in der Mitte die Enden lang herunterhängen lassen. Ein weiteres Stück Schnur einziehen und als Aufhänger verknoten.

Bastherz

Auch wenn man es ihm nicht ansieht, ist dieses niedliche Herzchen in seinem früheren Leben ein Kleiderbügel gewesen. Man trennt den Haken ab, biegt den Draht zurecht und umwickelt ihn mit Bast. Ein passendes kleineres Herz wird aus dickem Draht gebogen und zum Schluß in die Mitte des größeren Herzens gehängt.

MATERIAL

Drahtbügel
Draht- oder Gartenschere
Bast
Dicker Draht

1

Den Drahtbügel in eine Herzform biegen und den Haken abschneiden.

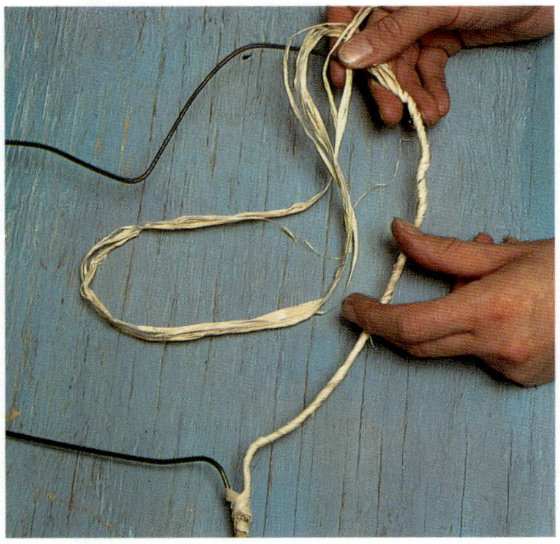

2

Von der Herzspitze aus eine Seite des Drahts mit Bast umwickeln, dann genauso auf der anderen Seite. Dabei jeweils am Ende ein Stück Bast lang lassen. Die beiden Enden in der Mitte verknoten.

3

Ein kleineres Herz aus Draht biegen, ebenfalls mit Bast umwickeln und mit dem Bastrest des größeren Herzens befestigen. An das größere Herz einen Aufhänger knoten.

Schreibset aus Naturmaterialien

Geben Sie einer schlichen braunen Briefmappe oder einem Ringbuch mit besonderen Verschlüssen eine persönliche Note. In diesem Fall haben wir eine hübsche Schnecke und ein paar Zimtstangen als elegante Knebel verwendet, dazu Bast und Schnur als Schlaufen.

MATERIAL

Einfache gelbbraune Schreibmappe bzw. ein Ringbuch
Schneckenhaus oder Zimtstangen
Polsterernadel
Bast oder Schnur
Klebepistole mit Patronen
2 kleine Vierecke Packpapier

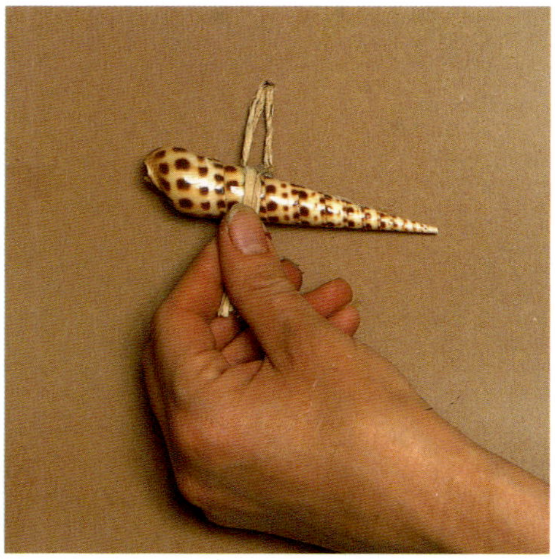

1

Probieren Sie aus, wo der Knebel am besten aussieht, und bohren Sie an dieser Stelle mit der Polsterernadel ein Loch. Ziehen Sie eine Bastschlaufe durch das Loch zur Vorderseite und ein kleines Stück Bast durch die Schlaufe.

2

Das kürzere Stück Bast um das Schneckenhaus bzw. die Zimtstangen wickeln und verknoten. Mit einem Tropfen Klebstoff befestigen.

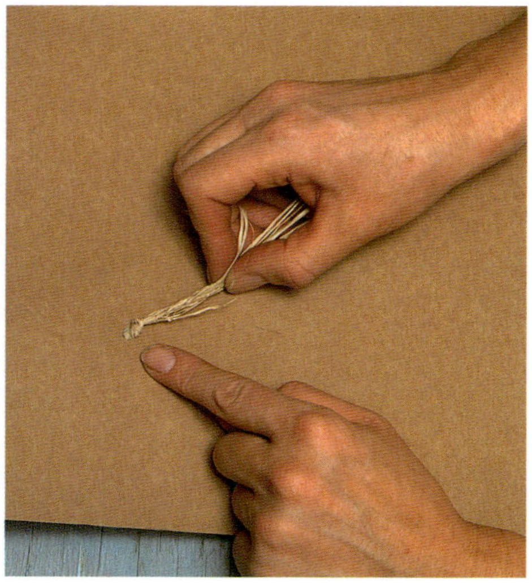

3

Die Mappe bzw. das Ringbuch öffnen, an der Rückseite den Bast direkt am Papier verknoten. Die Enden kürzen.

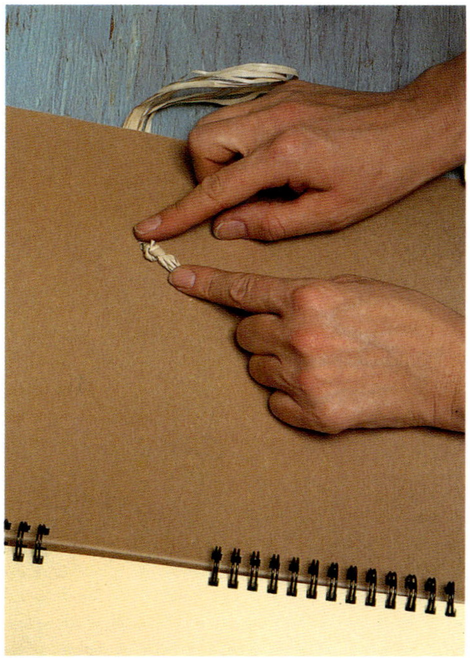

4

An der Rückseite ein Loch in gleicher Höhe und Lage wie auf der Vorderseite bohren. Eine Bastschlaufe hindurchziehen. Um die Länge zu bestimmen, die Mappe schließen und ausprobieren, ob Sie sie ›zuknöpfen‹ können. Denken Sie daran, daß Sie noch etwas Bast zugeben müssen, damit Sie die Schlaufe verknoten können. An der Innenseite den Bast verknoten.

5

Die Mappe bzw. das Ringuch schließen und einen weiteren Knoten direkt an der äußeren Oberfläche machen, damit die Schlaufe fest sitzt. Die Schlaufe nochmals ausprobieren, notfalls den Knoten lösen und neu binden.

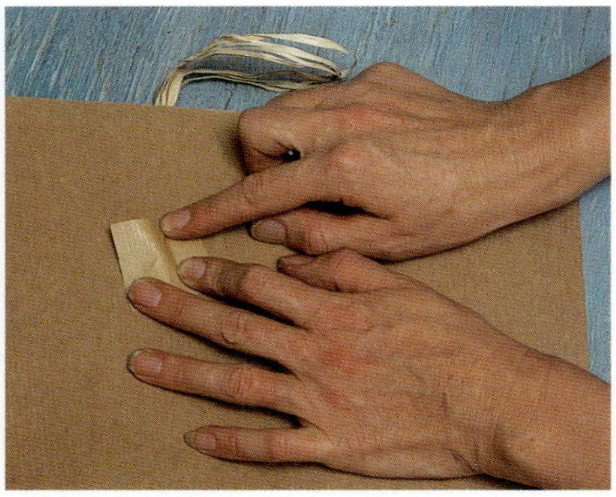

6

Über beide Knoten an den Innenseiten die Papiervierecke kleben, damit sie die Seiten nicht beschädigen. Dieses Verfahren empfiehlt sich auch, wenn Sie zum Zubinden färbendes Material wie bunte Schnur oder Lederband verwenden.

Verpackung mit Netzblatt

Das schlichteste braune Packpapier kann so einen ganz ausgefallenen Touch erhalten. Nehmen Sie ein vergoldetes Netzblatt und Goldkordel zu braunem Papier. Wenn Sie grobe Schnur aus Kokosfasern verwenden, wirkt das Päckchen rustikaler.

MATERIAL

Goldpaste
Großes Netzblatt
Packpapier
Klebefilm
Goldkordel
Eventuell Klebstoff

1

Das Blatt mit Goldpaste einreiben.

2

Das Päckchen in Packpapier einwickeln und die Kanten mit Goldpaste einreiben. Mit Goldkordel verschnüren, die beiden Enden verknoten und wie eine Quaste ausfransen. Das Blatt unter die Schnur schieben und ggf. mit einem Tropfen Klebstoff befestigen.

Geschenkverpackung mit Früchten und Blättern

Hier liefert das Packpapier den passenden Hintergrund für dekorative Blätter und getrocknete Fruchtscheiben.

MATERIAL

Packpapier
Klebefilm
Goldpaste
Seegraskordel
Klebstoff
Getrocknete Fruchtscheiben
Haltbar gemachte Blätter

1

Das Päckchen mit braunem Packpapier einwickeln und mit Goldpaste einreiben, vor allem an den Ecken.

2

Das Päckchen mit Graskordel verschnüren und die verschiedenen Früchte und Blätter in die Vierecke kleben.

Verpackung mit Seidenpapier-Rosette

Seidenpapier kann man als Material für wunderschöne Verpackungen einsetzen. Es wird in tollen Farben angeboten und paßt sich praktisch jeder Form an.

1
Das Geschenk mittig auf zwei übereinanderliegende Bögen Seidenpapier stellen. Das Papier gleichmäßig hochschlagen.

MATERIAL

Seidenpapier in zwei Farbtönen
Farblich passende Schnur

2
Mit der Schnur oben abbinden und das Papier an der Oberseite vorsichtig zu einer Rosette auseinanderziehen.

Lavendel-Verpackung

Kleine Lavendelsträuße geben der hübschen Verpackung aus Seidenpapier eine rustikale Note und werten das Geschenk noch auf.

1
Zwei Lavendelbündel über Kreuz mit der Schnur verknoten.

MATERIAL

Getrockneter Lavendel
Schnur
Seidenpapier in zwei Farbtönen
Klebefilm
Klebstoff

2
Das Geschenk in das dunklere Papier einpacken, dann das hellere wie einen Briefumschlag darumlegen. Die Lavendelsträußchen oben auf das Päckchen kleben.

Kosmetik-Flasche

Dekorieren Sie eine Flasche selbstgemachter Kosmetik mit Wellpappe in edlen Grün- und Blautönen – ein umwerfender Effekt!

MATERIAL

Schere
Bunte Wellpappe
Flasche
Klebepistole mit Patronen
Farbiger Bast

1

Die Wellpappe passend zuschneiden und um die Flasche festkleben. Mit Bast umwickeln.

2

Ein passendes Etikett aus Wellpappe schneiden und mit Bast am Flaschenhals anbringen.

Lotion-Döschen

Als Ergänzung zur Flasche nehmen Sie ein kleines Deckelglas und dekorieren es mit leuchtender Wellpappe. Königsblau und Smaragdgrün passen blendend zusammen und werden von Frauen und Männern gleichermaßen geschätzt.

MATERIAL

Schere
Bunte Wellpappe
Leeres Babynahrungsglas
Klebepistole mit Patronen
Schnur

1

Die Wellpappe passend zuschneiden und rings um das Gläschen festkleben. Mit Schnur umwickeln.

2

Ein Stück Wellpappe in der Größe des Deckels zuschneiden und aufkleben. Die Deckelseiten mit Schnur bekleben.

Rezepte

Liz Trigg

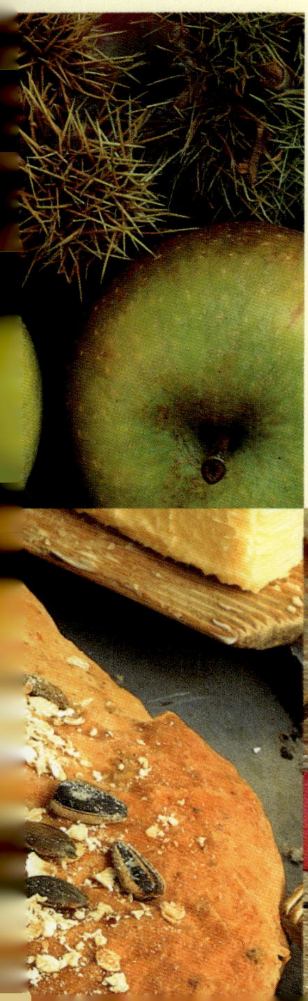

Frühlingsrezepte

Im Frühjahr kommt das frische, zarte Frühgemüse auf den Markt, und es gibt zahlreiche Rezepte, um das Beste aus diesen Köstlichkeiten zu machen. Verwöhnen Sie sich zu Ostern doch einmal mit einem saftigen Zitronen-Sandkuchen oder einem mit kandierten Früchten und Gewürzen gespickten Hefezopf zu einer schönen Tasse Tee.

Gebackenes Frühlingshähnchen mit Kräutern

Ein kleineres Hähnchen oder vier Stubenküken können ebenso zubereitet werden.

ZUTATEN

1 Freilandhähnchen von 1,75 kg oder 4 Stubenküken
Fein abgeriebene Schale und Saft von 1 Zitrone
1 Knoblauchzehe, zerdrückt
2 EL Olivenöl
2 Zweige frischer Thymian
2 Zweige frischer Salbei
75 g weiche Butter
Salz und frisch gemahlener schwarzer Pfeffer

4 PORTIONEN

1

Das Hähnchen bzw. die Stubenküken kräftig würzen. Zitronenschale und -saft, Knoblauch und Olivenöl mischen und über das Hähnchen gießen. Mindestens 2 Stunden in einer Schüssel (kein Metall) ziehen lassen. Nach dem Marinieren den Backofen auf 230 °C (Gas: Stufe 8) vorheizen.

2

Das Hähnchen mit den Kräutern füllen und die Haut mit der Butter einreiben. Kräftig würzen. Das Hähnchen 10 Minuten backen, dann die Temperatur auf 190 °C (Gas: Stufe 5) herunterstellen und weitere 1,5 Stunden backen, dabei mehrmals mit Bratfett begießen. Vor dem Tranchieren eine Viertelstunde ruhen lassen.

Lammkoteletts mit Zitrone und Rosmarin

Osterlamm ist besonders lecker mit frischem Zitronenaroma. Garnieren Sie das Fleisch mit frischem Rosmarin – der Duft ist unwiderstehlich!

ZUTATEN

12 Lammkoteletts
3 EL Olivenöl
2 große Zweige Rosmarin
Saft einer Zitrone
3 Knoblauchzehen, in dünne Scheiben geschnitten
Salz und frisch gemahlener schwarzer Pfeffer

4 PORTIONEN

1

Die Fettschicht am Rand abschneiden. Öl, Rosmarin, Zitronensaft und Knoblauch mischen und kräftig würzen.

2

Die Koteletts in einer flachen Form mit der Marinade übergießen. 30 Minuten ziehen lassen, dann herausnehmen und trockentupfen. 10 Minuten von jeder Seite grillen.

Möhrensoufflé mit Koriander

Zarte junge Karotten bieten sich für dieses luftig-leichte Soufflé geradezu an.

ZUTATEN

450 g Möhren
2 EL frische Korianderblätter, gehackt
4 Eier, getrennt
Salz und frisch gemahlener schwarzer Pfeffer

4 PORTIONEN

1
Möhren schälen.

2
In Salzwasser 20 Minuten kochen. Abschütten und in der Küchenmaschine pürieren.

3
Den Backofen auf 200 °C (Gas: Stufe 6) vorheizen. Die pürierten Möhren kräftig würzen und mit den gehackten Korianderblättern vermischen.

4
Eigelb unter das Möhrenpüree heben.

5
In einer zweiten Schüssel die Eiweiß steif schlagen.

6
Den Eischnee unter die Möhren heben und die Mischung auf 4 gefettete Auflaufförmchen verteilen. Etwa 20 Minuten backen, bis die Soufflés aufgegangen und goldbraun sind. Sofort servieren.

Zitronen-Sandkuchen

Auch mit dem Saft einer großen Apfelsine anstelle von Zitronensaft ist dieser Kuchen eine saftige Abwechslung zur Teestunde.

ZUTATEN

Schale von 2 Zitronen, fein gerieben
175 g feiner Kristallzucker
225 g weiche Butter
4 Eier
225 g Mehl
2 TL Backpulver
1/4 TL Salz
Zitronenschalenstreifen zum Verzieren
FÜR DEN GUSS:
Saft einer Zitrone
150 g feiner Kristallzucker

6 PORTIONEN

1

Den Backofen auf 160 °C (Gas: Stufe 3) vorheizen. Eine Kastenform (30 cm) oder eine runde Kuchenform (18–20 cm) einfetten und mit Pergamentpapier oder Backpapier auskleiden. Zitronenschale und Zucker mischen.

2

Die Butter mit Zitronenschale und Zucker schaumig schlagen. Eier hinzufügen und zu einer glatten Masse verrühren. Mehl, Backpulver und Salz in eine Rührschüssel sieben und in drei Teilen einrühren. Den Teig in die Kastenform gießen, die Oberfläche glätten und in 1,5 Stunden goldbraun backen.

3

Für den Guß den Saft langsam erhitzen und den Zucker darin auflösen. Die Oberfläche des Kuchens mehrmals einschneiden und den Saft darübergießen. Mit Zitronenschalenstreifen und 1 TL Hagelzucker bestreuen und erkalten lassen.

Vollwertbrot

Der Duft von selbstgebackenem Brot ist mit das Schönste in der Country-Küche. Möglichst ganz frisch essen, dann kommt der würzige Geschmack am besten zur Geltung.

ZUTATEN

20 g frische Hefe
300 ml lauwarme Milch
1 TL feiner Kristallzucker
225 g Vollkornmehl, gesiebt
225 g Auszugsmehl, gesiebt
1 TL Salz
50 g kalte Butter, gewürfelt
1 Ei, verquirlt
2 EL gemischte Kerne (Sesam-, Hafer-, Sonnenblumen- oder Kürbiskerne

ERGIBT 4 FLADENBROTE ODER 2 KASTENBROTE

1

Die Hefe in etwas Milch mit dem Zucker auflösen und zu einer flüssigen Masse verrühren. Salz und beide Mehlsorten mit der beim Durchsieben zurückgebliebenen Kleie in eine große angewärmte Rührschüssel geben. Mit den Händen Mehl und Butter zu einem krümeligen Teig verarbeiten.

2

Die Hefemischung, die restliche Milch und das Ei hinzufügen und alles zu einem eher weichen Teig verkneten. Auf einer bemehlten Arbeitsfläche 15 Minuten lang kneten. Die Rührschüssel leicht einfetten, die Teigkugel hineinlegen und die Schüssel abdecken. Ruhen lassen, bis der Teig sich verdoppelt hat (mindestens eine Stunde).

3

Den Teig zusammenklopfen und weitere 10 Minuten kneten. Den Backofen auf 200 °C (Gas: Stufe 6) vorheizen. Für Fladenbrote den Teig in vier Portionen teilen und formen. Auf einem bemehlten Backblech weitere 15 Minuten gehen lassen. Mit den gemischten Kernen bestreuen. 20 Minuten backen, bis das Brot goldgelb und fest ist.

FÜR KASTENBROT

Den Teig in zwei gefettete Kastenformen geben und weitere 45 Minuten gehen lassen. Etwa 45 Minuten backen. Das Brot ist gar, wenn es nach dem Stürzen hohl klingt, wenn man auf die Unterseite klopft.

Osterzopf

In Scheiben geschnitten und mit Butter und Marmelade bestrichen ein echter Leckerbissen, aber auch am nächsten Tag getoastet noch gut.

ZUTATEN

200 ml Milch
2 Eier, verquirlt
450 g Mehl
1/2 TL Salz
2 TL Gewürzmischung aus gemahlenem Zimt, Koriander, Kümmel, Muskatnuß, Ingwer und Nelken
75 g Butter
20 g Trockenhefe
75 g feiner Kristallzucker
175 g Korinthen
25 g gemischtes Orangeat und Zitronat, gehackt
Etwas gezuckerte Milch zum Glasieren
25 g Belegkirschen, gehackt
15 g kandierte Engelwurz, gehackt

8 Portionen

1

Die Milch etwas anwärmen. Die Eier mit zwei Dritteln der Milch verquirlen.

2

Mehl, Salz und Gewürze durchsieben. Mit der Butter verreiben, Zucker und Trockenhefe hinzufügen. Eine Vertiefung in die Mitte drücken und die Eiermilch hineingießen. Dabei so viel Milch hinzufügen, daß ein zäher Teig entsteht.

3

Den Teig auf bemehlter Arbeitsfläche durchkneten. Korinthen und Orangeat/Zitronat bis auf 15 g für die Verzierung einarbeiten. Teig in eine gefettete Schüssel geben und mit einem feuchten Tuch abdecken. Gehen lassen, bis er sich verdoppelt hat. Backofen auf 220 °C (Gas: Stufe 7) vorheizen.

4

Den Teig auf einer bemehlten Arbeitsfläche weitere 2–3 Minuten kneten und in drei gleich große Stücke teilen. Jedes Stück zu einer etwa 20 cm langen Rolle formen. Die drei Streifen zum Zopf flechten, die Endstücke zur Unterseite umbiegen und fest andrücken. Den Zopf auf ein bemehltes Backblech legen und 15 Minuten gehen lassen.

5

Die Oberfläche des Zopfes mit gezuckerter Milch bestreichen und mit gehackten Belegkirschen, Engelwurz und dem restlichen Orangeat/Zitronat bestreuen. Im vorgeheizten Backofen etwa 45 Minuten backen, bis das Brot hohl klingt. Auf einem Kuchenrost auskühlen lassen.

Orangenblütengelee

Ein Gelee aus frischen Orangen ergibt ein herrliches Dessert: Das natürliche Fruchtaroma verbindet sich mit dem zarten Gelee zu einem besonders erfrischenden Abschluß nach einem üppigen Hauptgericht. Köstlich dazu: knusprige Löffelbiskuits.

ZUTATEN

65 g feiner Kristallzucker
150 ml Wasser
Etwa 25 g Gelatinepulver
600 ml frisch gepreßter Orangensaft
2 EL Orangenblütenwasser

4 BIS 6 PORTIONEN

1

Zucker und Wasser in einem kleinen Topf bei mäßiger Temperatur erwärmen, bis sich der Zucker aufgelöst hat. Abkühlen lassen.

2

Gelatine einstreuen – sie muß ganz mit Zuckerwasser bedeckt sein. Stehen lassen, bis die Gelatine sich vollgesogen hat.

3

Die Gelatine im Wasserbad auflösen. Wenn sie durchsichtig ist, abkühlen lassen, bis sie gerade noch lauwam ist. Dann mit Orangensaft und Orangenblütenwasser mischen.

4

Eine Puddingform kalt ausspülen und das Gelee hineingießen. Mindestens 2 Stunden kalt stellen, bis die Masse erstarrt ist. Stürzen und servieren.

Rhabarber-Orangenauflauf mit Streuseln

Der Auflauf wird durch die Mandeln in der Streuselkruste schön knusprig und bekommt ein leckeres Nußaroma. Dazu paßt selbstgemachte Vanillesauce.

ZUTATEN

900 g Rhabarber, in 5 cm lange Stücke geschnitten
75 g feiner Kristallzucker
Abgeriebene Schale und Saft von 2 Orangen
115 g Mehl
115 g kalte Butter, gewürfelt
75 g brauner Rohrzucker
115 g gemahlene Mandeln

6 PORTIONEN

1

Den Backofen auf 180 °C (Gas: Stufe 4) vorheizen. Den Rhabarber in eine flache feuerfeste Form legen.

2

Mit dem Zucker bestreuen. Orangenschale und Orangensaft darübergeben.

3

Mehl in eine Rührschlüssel sieben. Butter hinzufügen. Mehl und Butter mit den Händen zu einer krümeligen Masse verarbeiten.

4

Rohrzucker und die geriebenen Mandeln gut vermischen.

5

Die Streusel auf den Rhabarber geben, der ganz bedeckt sein soll. 40 Minuten backen, bis die Oberfläche goldbraun und die Fruchtmasse gar ist. Warm servieren.

Sommerrezepte

Die trägen, heißen Tage und langen Nächte des Sommers liefern genügend Gelegenheiten, mit Freunden im Freien zu tafeln. Wie wäre es mit einer Mittelmeer-Quiche oder einem Gartensalat, der mit Blüten garniert auf den Tisch kommt. Eine willkommene Erfrischung für Schleckermäuler ist Erdbeercreme oder hausgemachtes Pfefferminzeis.

Makrele mit Blaubeeren

Frische Blaubeeren entfalten beim Rösten ein wunderbares Aroma. Die feinherbe Säure dieser leichten Beilage paßt ausgezeichnet zur eher kalorienreichen Makrele.

ZUTATEN

15 g Mehl
4 kleine geräucherte Makrelenfilets
50 g Butter
Saft von 1/2 Zitrone
Salz und frisch gemahlener schwarzer Pfeffer

FÜR DIE GERÖSTETEN BLAUBEEREN:

450 g Blaubeeren
25 g feiner Kristallzucker
15 g Butter
Salz und frisch gemahlener schwarzer Pfeffer

4 PORTIONEN

1

Den Backofen auf 200 °C (Gas: Stufe 6) vorheizen. Mehl mit Salz und Pfeffer mischen. Die Makrelenfilets darin wälzen.

2

Die Makrelenfilets mit Butterflöckchen belegen und 20 Minuten im Ofen backen.

3

Blaubeeren, Zucker, Butter, Salz und Pfeffer in eine kleine Backform geben und 15 Minuten rösten, dabei ab und zu mit dem austretenden Saft begießen. Die gebackenen Makrelenfilets mit Zitronensaft beträufeln und mit den Blaubeeren servieren.

Forelle mit Speck

Dieses Gericht kann auch gut auf dem Grill im Garten zubereitet werden.

ZUTATEN

25 g Mehl
4 Forellen, ausgenommen und gesäubert
75 g durchwachsener Speck in Scheiben
50 g Butter
1 EL Olivenöl
Saft von 1/2 Zitrone
Salz und frisch gemahlener Pfeffer

4 Portionen

1

Die Forellen mit Küchenpapier trockentupfen. Salz, Pfeffer und Mehl vermischen.

2

Die Forellen in Mehl wälzen und mit Speckscheiben fest umwickeln. In einer schweren Bratpfanne Butter und Öl erhitzen und die Forellen darin 5 Minuten von jeder Seite braten. Mit Zitronensaft beträufeln und sofort servieren.

Mittelmeer-Quiche

Das würzige Aroma von Tomaten, Paprika und Sardellen erinnert an Urlaub am Mittelmeer und paßt ausgezeichnet zum Käseteig dieser ungewöhnlichen Gemüsetorte.

ZUTATEN

FÜR DEN TEIG:
225 g Mehl
1 Prise Salz
1 Prise Senfpulver
115 g kalte Butter, gewürfelt
50 g Greyerzer Käse, gerieben
FÜR DEN BELAG:
Eine 50 g-Dose Sardellen in Öl, abgetropft
50 ml Milch
3 EL Dijon-Senf
3 EL Olivenöl
2 große Gemüsezwiebeln, in Scheiben geschnitten
1 rote Paprikaschote, entkernt und in feine Streifen geschnitten
3 Eigelb
350 ml Schlagsahne (mind. 30 % Fett)
1 Knoblauchzehe, zerdrückt
175 g reifer Cheddarkäse, geraspelt
2 große Tomaten, in dicke Scheiben geschnitten
Salz und frisch gemahlener schwarzer Pfeffer
2 EL frisches Basilikum, gehackt, zum Garnieren

12 PORTIONEN

1

Für den Teig Mehl, Salz, Senfpulver und Butter in der Küchenmaschine schlagen, bis die Masse krümelig ist.

2

Den Käse hinzufügen und nochmals kurz schlagen. Gerade so viel kaltes Wasser hinzufügen, daß ein fester Teig ensteht. Wenn der Teig sich zu einer Kugel formt, ist er fertig. In Folie wickeln und 30 Minuten kalt stellen.

3

In der Zwischenzeit den Belag vorbereiten. Die Sardellen 20 Minuten in Milch legen, die Milch abgießen und wegschütten.

4

Den Teig ausrollen und eine Tortenform von 24 cm Durchmesser damit auskleiden. Mit Senf bestreichen und 15 Minuten kalt stellen.

5

Den Backofen auf 200 °C (Gas: Stufe 6) vorheizen. Das Öl in einer Bratpfanne erhitzen und Zwiebeln und Paprika darin weichbraten. In einer Schüssel Eigelb, Sahne, Knoblauch und Cheddarkäse mischen und kräftig würzen. Eine Lage Tomatenscheiben auf den Teig schichten, Zwiebeln, Paprika und Sardellen darauflegen und die Eiersahne darübergießen. 30–35 Minuten backen. Mit Basilikum bestreut servieren.

Salat von neuen Kartoffeln

Frisch geerntete Kartoffeln sind unübertrefflich aromatisch. Nicht schälen, nur gründlich schrubben. Wenn man die Mayonnaise und die anderen Zutaten zugibt, solange die Kartoffen noch heiß sind, kann sich der Geschmack am besten entfalten.

ZUTATEN

900 g kleine neue Kartoffeln
2 grüne Äpfel, in Stücke geschnitten
4 Frühlingszwiebeln, geschnitten
3 Stangen Staudensellerie, in Stücke geschnitten
150 ml Mayonnaise
Salz und frisch gemahlener Pfeffer

6 PORTIONEN

1

Kartoffeln in Salzwasser 20 Minuten kochen.

2

Abgießen und die übrigen Zutaten sofort dazugeben. Gründlich vermengen. Erkalten lassen und servieren.

Grüner Bohnensalat

Der Trick besteht darin, die Bohnen anzumachen, solange sie noch heiß sind.

ZUTATEN

175 g Kirschtomaten, halbiert
1 EL Zucker
450 g grüne Bohnen, geputzt
175 g Schafskäse, gewürfelt
Salz und frisch gemahlener schwarzer Pfeffer
Für die Vinaigrette:
6 EL Olivenöl
3 EL Weißweinessig
1/4 TL Dijon-Senf
2 Knoblauchzehen, zerdrückt
Salz und frisch gemahlener schwarzer Pfeffer

6 PORTIONEN

1

Den Backofen auf 230 °C (Gas: Stufe 8) vorheizen. Die Tomaten auf ein Backblech legen und mit Zucker, Salz und Pfeffer bestreuen. 20 Minuten rösten. Erkalten lassen. In der Zwischenzeit die Bohnen 10 Minuten in Salzwasser kochen.

2

Für die Vinaigrette Öl, Essig, Senf, Knoblauch, Salz und Pfeffer verrühren. Die Bohnen abgießen, sofort mit der Vinaigrette anmachen und gut vermischen. Nach dem Abkühlen die gerösteten Tomaten und den Schafskäse hinzufügen. Gekühlt oder lauwarm servieren.

Pâtissons à la Grecque

Ein beliebtes französisches Gericht, für das man normalerweise Pilze verwendet. Die kleinen Kürbisse müssen ziemlich weich gekocht werden, damit sich das würzige Aroma der Marinade auf sie überträgt.

ZUTATEN

175 g Pâtissons (Melonenkürbisse)
250 ml Weißwein
Saft von 2 Zitronen
1 Zweig frischer Thymian
1 Lorbeerblatt
1 kleiner Bund frischer Kerbel, grob gehackt
1/4 TL Korianderkörner, zerstoßen
1/4 TL schwarze Pfefferkörner, zerstoßen
75 ml Olivenöl

4 PORTIONEN

1
Die Pâtissons in kochendem Wasser 3 Minuten blanchieren. Mit kaltem Wasser abschrecken.

2
Die übrigen Zutaten in einem Topf mit 150 ml Wasser aufsetzen und zugedeckt 10 Minuten köcheln lassen. Die Pâtissons zugeben und 10 Minuten kochen. Mit einem Schaumlöffel aus dem Sud nehmen, wenn sie weich sind, aber noch Biß haben.

3
Den Sud 10 Minuten einkochen lassen. Durchseihen und über die Pâtissons gießen. Abkühlen lassen, damit der Geschmack sich voll entfalten kann. Gut gekühlt servieren.

Gartensalat

Für diesen Salat können Sie alle frischen eßbaren Blüten aus Ihrem Garten verwenden.

ZUTATEN

1 Römersalat
175 g Rucola
1 kleiner Friséesalat
Frischer Kerbel und Estragon
1 EL Schnittlauchröllchen
1 Handvoll gemischter eßbarer Blüten, z. B. Kapuzinerkresse oder Ringelblumen
FÜR DIE VINAIGRETTE:
3 EL Olivenöl
1 EL Weißweinessig
1/2 TL Dijon-Senf
1 Knoblauchzehe, zerdrückt
1 Prise Zucker

4 PORTIONEN

1
Salatblätter und Kräuter vermengen.

2
In einer großen Schüssel die übrigen Zutaten zu einer Vinaigrette verrühren. Die Salatblätter darin wenden, die Blüten dazugeben und sofort servieren.

Erdbeercreme

Diese leckere Creme sollte am selben Tag gegessen werden. Gut gekühlt kommt der volle Erdbeergeschmack am besten zur Geltung.

ZUTATEN

300 ml Milch
2 Eigelb
90 g feiner Kristallzucker
Einige Tropfen Vanille-Essenz
900 g reife Erdbeeren
Saft von 1/2 Zitrone
300 ml Schlagsahne (mind. 30 % Fett)
ZUM GARNIEREN:
12 kleine Erdbeeren
4 Pfefferminzzweige

4 PORTIONEN

1
Für die Vanillecreme Eigelb mit 2 EL Milch, 1 EL Zucker und Vanille-Essenz verquirlen.

2
Restliche Milch erhitzen, aber nicht kochen lassen.

3
Die Milch in die Eimasse rühren. Den Topf ausspülen und die Masse wieder hineingießen.

4
Auf kleiner Flamme rühren, bis die Masse andickt (sie muß auf einem Löffelrücken haften bleiben). Ein Stück angefeuchtetes Pergamentpapier auf die Creme legen und abkühlen lassen.

5
Die Erdbeeren mit dem restlichen Zucker und dem Zitronensaft in der Küchenmaschine oder mit dem Schneidstab pürieren.

6
Die Sahne halbsteif schlagen. Die pürierten Erdbeeren und die Vanillecreme kurz unterziehen. In Glasschüsseln füllen und mit ganzen Erdbeeren und Minze garnieren.

Pfefferminzeis

Damit das Eis beim Servieren etwas geschmeidiger ist, sollten Sie es 20 Minuten vorher aus dem Gefrierfach nehmen. Für besondere Gelegenheiten sieht eine aus Eis geformte ›Schüssel‹ zum Anrichten toll aus.

ZUTATEN

8 Eigelb
75 g feiner Kristallzucker
600 ml Sahne (28 % Fett)
1 Vanilleschote
4 EL frische Pfefferminze, gehackt

8 PORTIONEN

1
Eigelb und Zucker mit dem Mixer oder einem Schneebesen hell und schaumig schlagen und in einen kleinen Topf schütten.

2
In einem anderen Topf die Sahne mit der Vanilleschote zum Kochen bringen.

3
Die Vanilleschote herausnehmen. Die heiße Sahne unter ständigem Rühren in die Eimasse gießen.

4
Weiterschlagen, bis sich die Eimasse und die Sahne verbunden haben.

5
Diese Mischung auf kleiner Flamme erhitzen, bis sie an einem Löffelrücken haften bleibt. Abkühlen lassen.

6
Die Pfefferminzblätter unterheben und die Masse etwa 3–4 Stunden in eine Eismaschine geben. Wenn Sie keine Eismaschine besitzen, können Sie die Masse auch ins Gefrierfach stellen, bis sie zu kristallisieren beginnt. Gut umrühren, um die Kristalle aufzubrechen. Nochmals 3 Stunden gefrieren, bis die Masse angefroren ist, dann wieder umrühren. Danach erneut mindestens 6 Stunden lang gefrieren, bis das Eis fest ist.

Beerentorte

Der Orangen-Mürbeteig des Tortenbodens schmeckt hervorragend zu frischem Sommerobst. Auf die Torte vor dem Servieren ein paar Orangenschalenstreifen streuen.

ZUTATEN

FÜR DEN TEIG:
225 g Mehl
115 g Butter
Abgeriebene Schale einer Orange sowie einige Streifen zum Dekorieren
FÜR DIE FÜLLUNG:
300 ml Crème fraîche
Abgeriebene Schale einer Zitrone
2 TL Puderzucker
675 g gemischte Beeren

8 PORTIONEN

1

Für den Teig das Mehl in einer großen Rührschüssel mit der Butter verarbeiten, bis eine krümelige Masse entsteht.

2

Die Orangenschale zugeben und so viel kaltes Wasser angießen, daß ein weicher Teig entsteht.

3

Den Teig zu einen Kugel formen und mindestens 30 Minuten kalt stellen. Dann den Teig auf einer leicht bemehlten Arbeitsfläche ausrollen.

4

Eine Tortenform von 24 cm Durchmesser mit Teig auskleiden. 30 Minuten kalt stellen. Den Backofen auf 200 °C (Gas: Stufe 6) vorheizen und darin ein Backblech anwärmen. Die Form mit Pergamentpapier belegen und mit Bohnenkernen füllen. Auf dem Backblech 15 Minuten blindbacken. Papier und Bohnen entfernen und weitere 10 Minuten backen, bis der Tortenboden goldgelb ist. Vollständig erkalten lassen. Für den Belag Crème fraîche mit Zitronenschale und Zucker verrühren und auf den Tortenboden geben. Die Beeren darauf verteilen, mit Orangenschalenstreifen bestreuen und in Stücke geschnitten servieren.

Herbstrezepte

Diese Rezepte machen das Beste aus den reichen Gaben des Herbstes, sei es mit einer Waldpilz-Pie, gebackenen Zwiebeln mit Thymian oder geschmorter Ente mit Maronen. Die ersten kühlen Tage werden mit wärmenden Desserts versüßt, etwa einem englischen Ingwer-Zimtpudding oder Rotweinbirnen.

Waldpilz-Pie

Ihr wunderbar erdiges Aroma verdankt diese pikante Torte den würzigen Waldpilzen. Je mehr Sorten Sie nehmen, desto besser!

ZUTATEN

FÜR DEN TEIG:
225 g Mehl
50 g Kokosfett
2 TL Zitronensaft
Etwa 150 ml Eiswasser
115 g kalte Butter, gewürfelt
1 Ei, verquirlt, zum Glasieren
FÜR DIE FÜLLUNG:
150 g Butter
2 Schalotten, fein gehackt
2 Knoblauchzehen, zerdrückt
450 g gemischte Waldpilze, blättrig geschnitten
3 TL frische Petersilie, gehackt
2 EL Schlagsahne (mind. 30 % Fett)
Salz und frisch gemahlener schwarzer Pfeffer

6 PORTIONEN

1

Für den Teig Mehl und 1/2 TL Salz in eine große Rührschüssel sieben. Kokosfett hinzufügen und zerreiben, bis die Masse krümelig wird.

2

Zitronensaft und so viel Eiswasser hinzufügen, daß ein weicher, aber nicht klebriger Teig ensteht. Zugedeckt 20 Minuten kalt stellen.

3

Den Teig auf einer leicht bemehlten Arbeitsfläche zu einem Rechteck ausrollen, 3 gleich große Streifen markieren und die Hälfte der Butterwürfel auf zwei Drittel des Teiges verteilen.

4

Die beiden äußeren Drittel nach innen falten, das Drittel ohne Butter kommt nach oben. Die Ränder mit einer Nudelrolle andrücken. Den Teig um 90° drehen und nochmals ausrollen. Wieder 3 Streifen markieren und die restliche Butterwürfel einarbeiten.

5

Den Teig 20 Minuten kalt stellen. Den Arbeitsgang mit Falten, Vierteldrehung und Ausrollen dreimal mit jeweils 20 Minuten Kühlzeit dazwischen wiederholen. Für die Füllung 50 g Butter zerlassen und Schalotten und Knoblauch darin weichbraten, jedoch nicht bräunen. Die restliche Butter und die Pilze dazugeben und 35–40 Minuten mitbraten. Überschüssige Flüssigkeit abgießen und die übrigen Zutaten zugeben. Abkühlen lassen. Den Backofen auf 220 °C (Gas: Stufe 7) vorheizen.

6

Den Teig halbieren. Eine Hälfte zu einer Platte von 22 cm ausrollen und mit Hilfe eines Tellers rund zuschneiden. Die Füllung in die Mitte häufen. Den restlichen Teig so ausrollen, daß er als Decke dienen kann. Die Ränder des Bodens mit Wasser befeuchten und die zweite Teigplatte darauflegen. Die Ränder zusammendrücken und die Oberfläche mit verquirltem Ei bestreichen. Ca. 45 Minuten backen, bis der Teig goldgelb und knusprig aufgegangen ist.

Pilzsuppe mit Petersilie

Diese sättigende Suppe wird mit Brot angedickt und wärmt schön an einem kalten Herbsttag. Als herzhafter Imbiß unschlagbar!

ZUTATEN

75 g Butter
900 Cremechampignons, blättrig geschnitten
2 Zwiebeln, grob gehackt
600 ml Milch
8 Scheiben Weißbrot
4 EL frische Petersilie, gehackt
300 ml Schlagsahne (mind. 30 % Fett)
Salz und frisch gemahlener schwarzer Pfeffer

8 Portionen

1

Butter zerlassen, die Pilze und Zwiebeln darin etwa 10 Minuten anbraten, bis sie weich, aber nicht gebräunt sind. Die Milch angießen.

2

Die Brotscheiben in Stücke reißen, in die Suppe geben und etwa 15 Minuten einweichen lassen. Die Suppe pürieren und in den Topf zurückgießen. Petersilie, Sahne und Gewürze dazugeben. Nochmals erhitzen, aber nicht mehr kochen. Sofort servieren.

Röstzwiebeln mit Thymian

Beim Rösten entwickeln die Zwiebeln ein würziges, süßliches Aroma, das gut zu gebratenem Fleisch paßt. Gekochte Kartoffeln kann man übrigens ebenso zubereiten.

ZUTATEN

5 EL Olivenöl
50 g Butter
900 g kleine Zwiebeln
2 EL frischer Thymian, gehackt
Salz und frisch gemahlener schwarzer Pfeffer

4 Portionen

1

Den Backofen auf 220 °C (Gas: Stufe 7) vorheizen. Öl und Butter in einem großen Bräter erhitzen. Die Zwiebeln hineingeben und in der Mischung wälzen.

2

Thymian, Salz und Pfeffer dazugeben und 45 Minuten im Ofen rösten, dabei regelmäßig mit dem Bratfett begießen.

Geschmorte Ente mit Maronen

Dazu reicht man am besten Kartoffel-Selleriepüree, das den köstlichen, etwas fetten Bratensaft wunderbar ergänzt.

ZUTATEN

Eine Ente von ca. 1,75 kg
3 EL Olivenöl
175 g kleine Zwiebeln
50 g Cremechampignons
50 g Shiitake-Pilze
300 ml Rotwein
300 ml Rinderbrühe
Eine 225 g-Dose geschälte, ungezuckerte Maronen, abgetropft
Salz und frisch gemahlener schwarzer Pfeffer

4–6 PORTIONEN

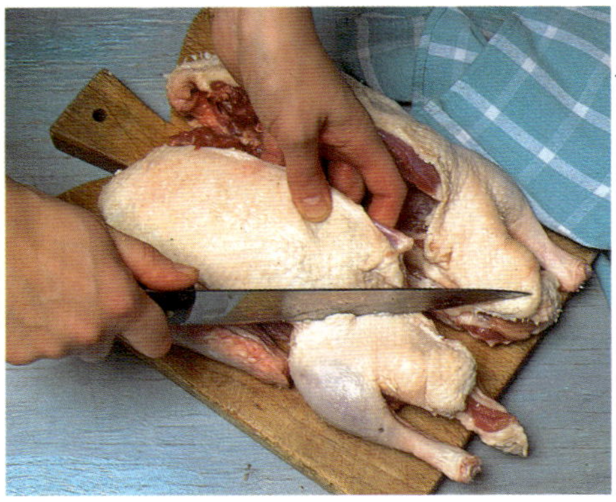

1

Die Ente in 8 Stücke zerteilen. Das Öl in einer großen Bratpfanne erhitzen, die Ententeile darin anbräunen und herausnehmen.

2

Die Zwiebeln in die Pfanne geben und 10 Minuten kräftig bräunen.

3

Die Pilze dazugeben und einige Minuten weiterbraten, mit Rotwein ablöschen und die Flüssigkeit auf die Hälfte einkochen lassen. In der Zwischenzeit den Backofen auf 180 °C (Gas: Stufe 4) vorheizen.

4

Wein und Brühe in einen Schmortopf gießen. Die Ententeile und Maronen dazugeben, kräftig würzen und 1,5 Stunden im Backofen schmoren.

Käse-Scones

Ein original britisches Gebäck, das man zur Teestunde reicht, am besten ganz frisch und noch warm.

ZUTATEN

225 g Mehl
2 1/2 TL Backpulver
1/2 TL Senfpulver
1/2 TL Salz
50 g kalte Butter
75 g Cheddarkäse, gerieben
150 ml Milch
1 Ei, verquirlt

ERGIBT 12 STÜCK

1

Den Backofen auf 230 °C (Gas: Stufe 8) vorheizen. Mehl, Backpulver, Senfpulver und Salz in eine Rührschüssel sieben. Die Butter zugeben und mit der Mehlmischung verarbeiten, bis ein krümeliger Teig entsteht. 50 g Käse unterheben.

2

Die Milch und das verquirlte Ei hineingeben. Vorsichtig vermengen und den Teig auf eine bemehlte Arbeitsfläche stürzen. Ausrollen und in Dreiecke oder Quadrate schneiden. Dünn mit Milch einpinseln und mit dem restlichen Käse bestreuen. 15 Minuten ruhen lassen, dann 15 Minuten backen, bis die Scones hoch aufgegangen sind.

Haferkekse

Sie sind im Nu gemacht und ausgezeichnet als Beigabe zu einer Käseplatte.

ZUTATEN

225 g mittelfeines Haferschrot
75 g Mehl
1/4 TL Backnatron
1 TL Salz
25 g Kokosfett
25 g Butter

ERGIBT 24 STÜCK

1

Den Backofen auf 220 °C (Gas: Stufe 7) vorheizen. Haferschrot, Mehl, Backnatron und Salz in eine große Rührschüssel geben. Beide Fettsorten in einem Topf zerlassen.

2

Das geschmolzene Fett zu der Hafermischung geben und mit etwas kochendem Wasser zu einem weichen Teig verrühren. Den Teig auf eine mit etwas Haferschrot bestreute Arbeitsfläche stürzen, dünn ausrollen und runde Kekse ausstechen. 15 Minuten auf einem ungefetteten Backblech knusprig backen.

Brombeer-Apfelstreusel

Ein klassisches englisches Dessert, wie geschaffen für kalte Tage. Mit halbsteif geschlagener Sahne oder selbstgemachter Vanillesauce ein Hochgenuß.

ZUTATEN

65 g Butter
175 g frische Semmelbrösel
50 g brauner Rohrzucker
60 ml heller Zuckersirup
Abgeriebene Schale und Saft von 2 Zitronen
50 g Walnußkerne
450 g Brombeeren
450 g Kochäpfel, geschält und ohne Kerngehäuse in dünne Scheiben geschnitten

4 PORTIONEN

1
Den Backofen auf 180 °C (Gas: Stufe 4) vorheizen. Eine 450 ml fassende feuerfeste Form mit 15 g Butter einfetten. Die restliche Butter zerlassen und die Brösel dazugeben. 5–7 Minuten braten, bis sie goldgelb und knusprig sind. Etwas abkühlen lassen.

2
Zucker, Sirup, Zitronenschale und -saft in einem kleinen Topf anwärmen. Die Semmelbrösel dazugeben.

3
Die Walnüsse fein hacken.

4
Eine dünne Schicht Brombeeren in die Form geben. Mit einer Schicht Streusel bestreuen.

5
Darauf eine dünne Schicht Äpfel legen und wieder Streusel darüberstreuen. Brombeeren, Streusel und Äpfel abwechselnd schichten, bis alle Zutaten aufgebraucht sind, die oberste Schicht sollen Streusel sein. Die Mischung ragt jetzt über den Rand der Form, fällt aber beim Backen etwas in sich zusammen. 30 Minuten backen, bis die Streusel goldgelb und die Früchte weich sind.

Winterrezepte

Wenn die Tage kürzer werden, brauchen wir deftige, Gerichte, um die Kälte zu vertreiben. Wie wäre es mit einem Rinderbraten, serviert mit gerösteter Paprika, oder einem Country Pie? Schottische Pfannkuchen und Cranberry Muffins schmecken besonders lecker am offenen Kamin, und der echte Plumpudding bildet einen stilvollen Jahresausklang.

Rinderbraten mit Pilzen und gerösteter Paprika

Ein herzhaftes, deftiges Gericht für kalte, dunkle Winterabende.

ZUTATEN

1,5 kg Rinderbraten (Lendenstück)
1 EL Olivenöl
450 g kleine rote Paprikaschoten
115 g Cremechampignons
175 g geräucherter Bauchspeck, gewürfelt
50 g Mehl
150 ml kräftiger Rotwein
300 ml Rinderbrühe
30 ml Marsala
2 TL gemischte getrocknete Kräuter
Salz und frisch gemahlener schwarzer Pfeffer

8 PORTIONEN

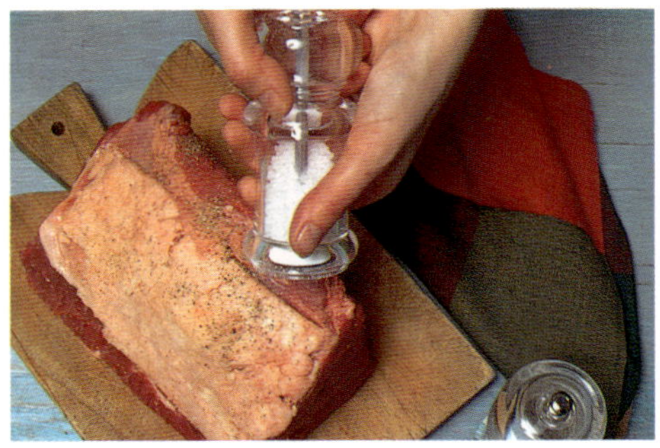

1

Den Backofen auf 190 °C (Gas: Stufe 5) vorheizen. Das Fleisch kräftig würzen. Das Olivenöl in einer großen Pfanne stark erhitzen und das Fleisch darin von allen Seiten anbräunen. Das Fleisch in einem großen Bräter 75 Minuten schmoren lassen.

2

Die Paprikaschoten im Backofen rösten, und zwar kleine Schoten 20 Minuten, große Schoten 45 Minuten lang.

3

Kurz bevor das Fleisch gar ist, die Sauce zubereiten. Die Pilze grob hacken.

4

Die Pfanne nochmals erhitzen und den Speck darin auslassen. Das Mehl darüberstäuben und einige Minuten bräunen.

5

Rotwein und Brühe nach und nach angießen und unter Rühren zum Kochen bringen. Die Temperatur reduzieren und Marsala, Kräuter, Salz und Pfeffer dazugeben.

6

Die Pilze in die Pfanne geben und erhitzen. Das Fleisch aus dem Backofen nehmen und vor dem Tranchieren 10 Minuten ruhen lassen. Mit den Paprikaschoten und der heißen Sauce servieren.

Linsensuppe mit Speck

Servieren Sie diesen deftigen Eintopf mit warmem, knusprigem Bauernbrot.

ZUTATEN

450 g durchwachsenen Speck, in dicke Scheiben geschnitten und gewürfelt
1 Zwiebel, grob gehackt
1 kleine Steckrübe, grob gehackt
1 Stange Staudensellerie, kleingeschnitten
1 Möhre, in Scheiben geschnitten
1 Kartoffel, geschält und grob gehackt
75 g Linsen
1 Strauß Suppengrün
Frisch gemahlener Pfeffer

4 Portionen

1
In einem großen Topf den Speck einige Minuten auslassen.

2
Das Gemüse dazugeben und 4 Minuten andünsten.

3
Die Linsen, das Suppengrün und Pfeffer zugeben und mit Wasser bedecken. Zum Kochen bringen und 1 Stunde köcheln lassen, bis die Linsen gar sind.

Sahniges Kartoffelgratin

Wenn Sie die Kartoffeln vorkochen, geht es viel schneller.

.ZUTATEN

1,5 kg große Kartoffeln, geschält und in Scheiben geschnitten
2 große Zwiebeln, in Ringe geschnitten
75 g Butter
300 ml Schlagsahne (mind. 30 % Fett)
Salz und frisch gemahlener schwarzer Pfeffer

6 PORTIONEN

1

Den Backofen auf 200 °C (Gas: Stufe 6) vorheizen. Die Kartoffelscheiben 2 Minuten blanchieren und gut abtropfen lassen. Kartoffeln, Zwiebeln, Butter und Sahne in einen großen Topf geben, gut umrühren und etwa 15 Minuten kochen.

2

Alles in eine Auflaufform schichten, würzen und 30 Minuten backen, bis die Kartoffeln gar sind.

Englischer Rindfleischtopf mit Klößen

Das Gericht kann im Ofen bruzeln, während Sie einen Winterspaziergang machen.

ZUTATEN

1,2 kg Rinderschmorbraten, gewürfelt
1 EL Mehl
2 EL Olivenöl
2 große Zwiebeln, in Ringe geschnitten
450 g Möhren, in Scheiben geschnitten
300 ml Guinness (oder Altbier)
3 Lorbeerblätter
2 TL brauner Zucker
3 Zweige frischer Thymian
1 TL Apfelessig
Salz und frisch gemahlener schwarzer Pfeffer
FÜR DIE KLÖSSE:
115 g Rindertalg, gerieben, ersatzweise Kokosfett
225 g Mehl
2 EL frische gemischte Kräuter, gehackt
etwa 150 ml Wasser

6 PORTIONEN

1

Den Backofen auf 160 °C (Gas: Stufe 3) vorheizen. Das Mehl würzen; die Fleischwürfel damit bestäuben und darin wälzen.

2

Das Öl in einem großen Schmortopf erhitzen, die Zwiebeln und Möhren darin anbraten. Das Gemüse mit einem Schaumlöffel herausnehmen und beiseite stellen.

3

Das Fleisch portionsweise kräftig anbräunen.

4

Das Gemüse wieder hinzufügen und das restliche Mehl dazugeben. Bier, Lorbeerblätter, Zucker und Thymian beigeben und zum Kochen bringen. Den Eintopf im Backofen 1,5 Stunden schmoren lassen, dann erst die Klöße zubereiten.

5

Für die Klöße das geriebene Fett mit Mehl und Kräutern verkneten. So viel Wasser angießen, daß ein weicher, klebriger Teig entsteht.

6

Mit bemehlten Händen den Teig zu kleinen Kugeln formen. Den Apfelessig zum Fleisch geben und die Klöße mit dem Fleisch zusammen weitere 20 Minuten schmoren, bis sie gar sind. Heiß servieren.

Country Pie

Die Zubereitung dieser klassischen englischen Fleischtorte ist zwar etwas zeitaufwendig, dafür ist das Ergebnis aber ein unwiderstehlicher winterlicher Leckerbissen.

ZUTATEN

1 kleine Ente
1 kleines Hähnchen
350 g Schweinemett
1 Ei, verquirlt
2 Schalotten, fein gehackt
1/2 TL gemahlener Zimt
1/2 TL geriebene Muskatnuß
1 TL Worcester-Sauce
Abgeriebene Schale einer Zitrone
1/2 TL frisch gemahlener schwarzer Pfeffer
150 ml Rotwein
175 g Kochschinken, gewürfelt
Salz und frisch gemahlener schwarzer Pfeffer

FÜR DAS GELEE:

Karkassen und Fleischreste vom Parieren des Geflügels
2 Möhren
1 Zwiebel
2 Stangen Staudensellerie
1 EL Rotwein
1 Lorbeerblatt
1 Nelke
15 g Gelatinepulver

FÜR DEN TEIG:

225 g Rindertalg, ersatzweise Kokosfett
300 ml kochendes Wasser
675 g Mehl
1 Ei, mit einer Prise Salz verquirlt

12 PORTIONEN

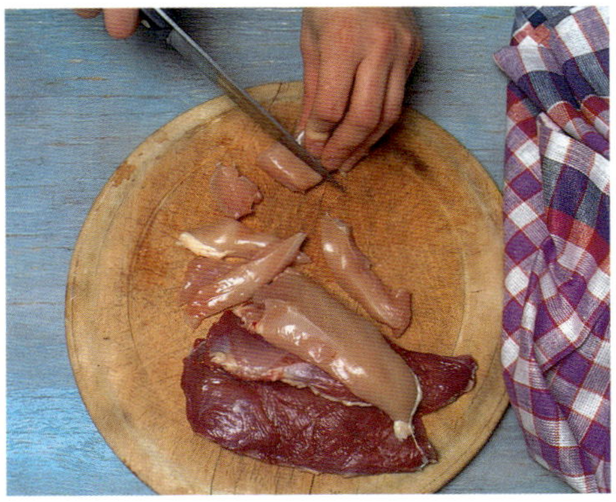

1

Das rohe Geflügel auslösen, dabei die Haut und Sehnen entfernen. Das Brustfleisch und größere Stücke grob würfeln und beiseite stellen, das restliche Fleisch zerkleinern.

2

Das restliche Enten- und Hähnchenfleisch mit Mett, Ei, Schalotten, Gewürzen, Worcester-Sauce, Zitronenschale, Salz und Pfeffer mischen. Rotwein angießen und 15 Minuten ziehen lassen.

3

Für das Gelee Fleischknochen und -reste, Möhren, Zwiebel, Sellerie, Wein, Lorbeerblatt und Nelke in einen großen Topf geben und mit 2,75 Liter Wasser bedecken. Zum Kochen bringen, und 2,5 Stunden sacht köcheln lassen, dabei immer wieder abschäumen.

4

Für den Teig Fett und Wasser in einem Topf zum Kochen bringen. Mehl mit einer Prise Salz in eine Schüssel sieben und die heiße Flüssigkeit dazugießen. Mit einem Holzlöffel vermengen. Sobald der Teig etwas abgekühlt ist, gründlich kneten. Zugedeckt an einem warmen Platz mindestens 20–30 Minuten gehenlassen. Den Backofen auf 200 °C (Gas: Stufe 6) vorheizen.

5

Eine hohe Springform von 24 cm Durchmesser einfetten. Zwei Drittel des Teiges ausrollen und die Form damit auskleiden. Der Teig darf keine Löcher aufweisen und soll etwas über den Rand der Form hinausragen. Die Pie mit der Hälfte des Metts füllen, darauf eine Schicht gewürfeltes Enten- und Hähnchenbrustfleisch sowie Kochschinkenwürfel legen. Mit dem restlichen Mett auffüllen. Die überstehenden Teigränder mit Wasser einpinseln und mit dem restlichen ausgerollten Teig bedecken. Die Ränder gut zusammendrücken. Mit Teigresten dekorieren und in die Oberfläche der Pie zwei große Öffnungen stechen.

6

Die Pie 30 Minuten backen. Die Oberfläche mit dem gesalzenen Ei einpinseln. Den Backofen auf 180 °C (Gas: Stufe 4) herunterstellen. Nach 30 Minuten die Pie locker mit Folie abdecken, damit sie nicht zu dunkel wird. Weitere 60 Minuten backen.

7

Nach 2,5 Stunden Kochzeit die Brühe durchseihen. Erkalten lassen und die festgewordene Fettschicht entfernen. Von der Brühe 600 ml abmessen, bis kurz unter dem Siedepunkt erhitzen und die Gelatine klumpenfrei hineinrühren. Die restliche durchgeseihte Brühe hinzufügen und abkühlen lassen.

8

Sobald die Pie abgekühlt ist, soviel Brühe wie möglich durch eine der beiden Öffnungen in die Pie hineingießen. Am besten geht das mit einem Trichter. Die Brühe sollte bis zu den Öffnungen stehen. Vor dem Anschneiden und Servieren mindestens 24 Stunden ruhen lassen.

Zwiebel-Lauchauflauf

Dieses ungewöhnliche Rezept ist zwar verwandt mit den üblichen pikanten Torten, jedoch hier einmal ohne Boden. Eine ausgezeichnete Beilage zu gebratenem Fleisch.

ZUTATEN

50 g Butter
350 g Porree, in feine Streifen geschnitten
225 g Mehl
1 Prise Backpulver
115 g Rindertalg, ersatzweise Kokosfett
150 ml Wasser
Salz und frisch gemahlener schwarzer Pfeffer

4 PORTIONEN

1

Den Backofen auf 200 °C (Gas: Stufe 5) vorheizen. Die Butter in einem Topf zerlassen und den Porree darin weichdünsten. Kräftig abschmecken

2

Mehl, Fett und Wasser in einer Schüssel zu einem weichen, sämigen Teig vermengen und zu den Porreestreifen geben. Die Mischung in eine flache feuerfeste Form füllen und 30 Minuten goldgelb und knusprig backen. In Scheiben geschnitten als Beilage servieren.

Orangen-Shortbread

Dieses schottische Mürbegebäck ist ein ganz besonderer Genuß zum Nachmittagstee. In einer dicht schließenden Dose bleibt das Shortbread bis zu zwei Wochen frisch.

ZUTATEN

115 g weiche Butter
50 g feiner Kristallzucker plus etwas Zucker zusätzlich
Abgeriebene Schale von 2 Orangen
175 g Mehl

ERGIBT 18 KEKSE

1

Den Backofen auf 190 °C (Gas: Stufe 5) vorheizen. Butter und Zucker schaumig rühren. Orangenschale unterziehen.

2

Nach und nach das Mehl hinzufügen und den Teig vorsichtig zu einer weichen Kugel formen. Auf einer bemehlten Arbeitsfläche etwa 1 cm dick ausrollen. In breite Streifen schneiden und mit dem zusätzlichen Zucker bestreuen. Mit einer Gabel mehrmals einstechen und in 20 Minuten goldgelb backen.

Cranberry Muffins

Angenehm säuerliche Küchlein zum Frühstück oder zum Kaffee.

ZUTATEN

350 g Mehl
1 TL Backpulver
1 Prise Salz
115 g feiner Kristallzucker
2 Eier
150 ml Milch
4 EL Maiskeimöl
Abgeriebene Schale von 1 Orange
150 g Preiselbeeren (Cranberries)

ERGIBT 12 MUFFINS

1

Den Backofen auf 190 °C (Gas: Stufe 5) voheizen. Zwölf hohe Muffinformen mit Papierförmchen auskleiden. Mehl, Backpulver, Salz und Zucker mischen.

2

Die Eier mit Milch und Öl verquirlen. Zu den trockenen Zutaten geben und zu einem glatten Teig verrühren. Orangenschale und Preiselbeeren unterziehen. Die Teigmischung auf die Förmchen verteilen und in 25 Minuten goldgelb backen. Einige Minuten in der Form abkühlen lassen. Warm oder kalt servieren.

Schottische Pfannkuchen

Noch warm mit Butter und Marmelade servieren.

ZUTATEN

225 g Mehl
1 TL Backpulver
50 g feiner Kristallzucker
50 g flüssige Butter
1 Ei
300 ml Milch
15 g Kokosfett

ERGIBT 24 PFANNKUCHEN

1

Mehl und Zucker mischen. Die flüssige Butter, das Ei und zwei Drittel der Milch angießen und zu einem glatten, dünnflüssigen Teig verrühren.

2

Eine schwere Bratpfanne erhitzen und mit dem Fett einreiben. Den Teig eßlöffelweise in die heiße Pfanne geben. Sobald die Pfannkuchen Blasen werfen, rasch wenden und von der anderen Seite ebenfalls goldgelb backen. Die fertigen Pfannkuchen unter einem Geschirrtuch warmhalten, bis alle gebacken sind.

Plumpudding

Das klassische Dessert beim englischen Weihnachtsessen. In einen luftdichten Behälter verpackt hält sich der Pudding sehr lange und wird dabei immer aromatischer.

ZUTATEN

115 g Mehl
1 Prise Salz
1 TL Lebkuchengewürz
1/2 TL gemahlener Zimt
1/4 TL frisch geriebene Muskatnuß
225 g geriebener Rindertalg, ersatzweise Kokosfett
1 süßlicher Apfel, gerieben
225 g frisch geriebene Semmelbrösel
350 g brauner Zucker
50 g Mandelblättchen
225 g kernlose Rosinen
225 g Korinthen
225 g Sultaninen
115 g gedörrte Aprikosen
115 g Orangeat und Zitronat, gemischt
Abgeriebene Schale und Saft von 1 Zitrone
2 EL dunkler Zuckersirup
3 Eier
300 ml Milch
2 EL Rum

8 PORTIONEN

1
Mehl, Salz und Gewürze in eine große Rührschüssel sieben.

2
Fett, Apfel und die übrigen trockenen Zutaten einschließlich der abgeriebenen Zitronenschale dazugeben.

3
Den Sirup erwärmen, bis er flüssig ist, und zu der Mischung gießen.

4
Eier mit Milch, Rum und Zitronensaft verquirlen.

5
Die Flüssigkeit unter die Mischung heben.

6
Den Teig auf zwei 1,2 l fassende Puddingformen verteilen. Mit eingefettetem Pergamentpapier abdecken und mit Schnur verknoten. Das Papier sollte gefältelt werden, da der Pudding sich beim Kochen ausdehnt. Die Puddinge im Wasserbad oder in einem Topf mit kochendem Wasser etwa 10 Stunden dämpfen und 3 Stunden nochmals aufwärmen. Beim Dämpfen immer wieder den Wasserstand kontrollieren. Den Pudding mit etwas Stechpalme dekoriert servieren.

Geschenke aus der eigenen Küche

Verarbeiten Sie Früchte und Gemüse der Saison zu Marmeladen, Gelees und Pickles, die Sie das ganze Jahr über selbst genießen oder an nette Menschen verschenken können. Besonders beliebt sind Erdbeerkonfitüre, Apfelgelee mit Minze und ›Piccalilli‹ – Sie werden schon sehen, was das ist …

Apfelgelee mit Minze

Dieses Gelee schmeckt delikat zu frisch geernteten Erbsen aus eigenem Garten oder auch zum traditionellen Sonntagsbraten, besonders zu Lamm.

ZUTATEN

900 g Kochäpfel (z.B. Boskop)
Grober Kristallzucker
3 EL frische Pfefferminze, gehackt

ERGIBT 3 GLÄSER À 450 G

1
Die Äpfel grob zerkleinern und in einen großen Topf geben.

2
Mit Wasser bedeckt köcheln lassen, bis das Obst weich ist.

3
In ein Mulltuch schütten und über Nacht abtropfen lassen. Das Tuch dabei nicht ausdrücken, sonst wird das Gelee trübe.

4
Die Saftmenge abmessen. Auf 600 ml Saft rechnet man 500 g Zucker.

5
Saft und Zucker in einem großen Topf langsam erwärmen. Den Zucker auflösen und dann zum Kochen bringen. Als Geliertest 1 EL Saft auf einer Untertasse etwas abkühlen lassen. Beim Antippen mit der Fingerspitze sollten sich Falten bilden. Sobald dies der Fall ist, das Gelee vom Herd nehmen.

6
Die Minze hineinrühren und in sterilisierte Gläser abfüllen. Das Gelee mit einem Stück Wachspapier abdecken, Zellophan über das Glas spannen und mit Küchengarn fest verknoten. Kühl und dunkel lagern. Ungeöffnet hält sich das Gelee bis zu einem Jahr. Nach dem Öffnen im Kühlschrank aufbewahren und innerhalb einer Woche verbrauchen.

Lemon Curd

Dieser cremige, feinsäuerliche Aufstrich ist zu Toast oder Muffins eine willkommene Abwechslung zur üblichen Marmelade.

ZUTATEN

115 g Butter
3 Eier
Abgeriebene Schale und Saft von 2 Zitronen
Abgeriebene Schale und Saft von 2 Limetten
225 g feiner Kristallzucker

ERGIBT 2 GLÄSER À 450 G

1
Eine feuerfeste Schüssel in einen großen Topf mit köchelndem Wasser stellen. Die Butter hineingeben.

2
Die Eier leicht verschlagen und zur Butter schütten.

3
Schale und Saft der Zitronen und Limetten, danach den Zucker hinzufügen.

4
Die Masse rühren, bis sie dickflüssig ist. In sterilisierte Gläser füllen. Den Curd mit einem Stück Wachspapier abdecken, Zellophan über das Glas spannen und mit Garn verschnüren. Kühl und dunkel lagern. Ungeöffnet hält sich der Curd bis zu einem Monat. Nach dem Öffnen im Kühlschrank aufbewahren und innerhalb einer Woche verbrauchen.

Pochierte Würzpflaumen in Brandy

Mit Würzobst kann man die Aromen des Sommers mitten im Winter auf den Tisch bringen. Mit Schlagsahne ein herrliches Dessert.

ZUTATEN

600 ml Brandy
Schale einer Zitrone, in langen Streifen dünn abgeschält
350 g feiner Kristallzucker
1 Stange Zimt
900 g frische Pflaumen

ERGIBT 900 G

1

Brandy, Zitronenschale, Zucker und Zimtstange in einen großen Topf geben und erwärmen, bis sich der Zucker aufgelöst hat. Die Pflaumen darin ca. 15 Minuten pochieren, bis sie weich sind. Mit einem Schaumlöffel herausnehmen.

2

Auf großer Flamme den Sirup auf zwei Drittel einkochen. Die Pflaumen mit Sirup in große sterilisierte Gläser füllen. Dicht verschlossen und kühl und dunkel aufbewahrt, halten sich die Pflaumen bis zu 6 Monate.

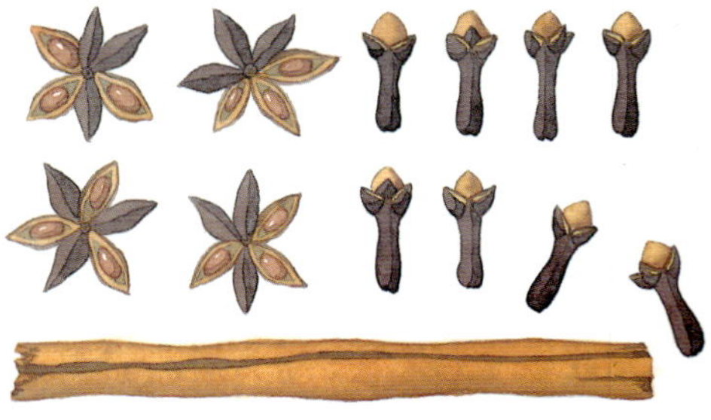

Essigbirnen

Diese leckeren Birnen sind eine ausgefallene Beilage zu Kochschinken oder kaltem Fleisch.

ZUTATEN

900 g Birnen
600 ml Weißweinessig
225 g feiner Kristallzucker
1 Stange Zimt
5 Sternanis
10 ganze Nelken

ERGIBT 900 G

1

Die Birnen schälen, sie ganz lassen und auch die Stiele nicht entfernen. Essig mit Zucker erhitzen, bis dieser sich aufgelöst hat. Auf die Birnen gießen und 15 Minuten pochieren.

2

Zimtstange, Sternanis und Nelken hinzufügen und weitere 10 Minuten köcheln lassen. Die Birnen herausnehmen und dicht an dicht in sterilisierte Gläser füllen. Den Sirup weitere 15 Minuten köcheln lassen und dann auf die Birnen gießen. Die Gläser fest verschließen und kühl und dunkel aufbewahren. Ungeöffnet halten sich die Birnen bis zu einem Jahr. Nach dem Öffnen im Kühlschrank aufbewahren und innerhalb einer Woche verbrauchen.

Tomaten-Chutney

Das würzige Chutney schmeckt gut zu Käse und Crackern oder zu kaltem Fleisch.

ZUTATEN

900 g Tomaten, gehäutet
225 g Rosinen
225 g Zwiebeln, gehackt
225 g feiner Kristallzucker
600 ml Malzessig, ersatzweise Rotweinessig

ERGIBT 4 GLÄSER À 450 G

1

Die Tomaten grob zerkleinern und in einen großen Topf geben.

2

Rosinen, Zwiebeln und Zucker dazugeben.

3

Essig darübergießen. Zum Kochen bringen und 2 Stunden ohne Deckel köcheln lassen. In sterilisierte Gläser füllen. Das Chutney mit einem runden Stück Wachspapier abdecken. Ein Stück Zellophan über das Glas spannen und mit Küchengarn fest verknoten. Kühl und dunkel lagern. Ungeöffnet hält sich das Chutney bis zu einem Jahr. Nach dem Öffnen im Kühlschrank aufbewahren und innerhalb einer Woche verbrauchen.

Erdbeerkonfitüre

Dieses klassische Rezept findet immer wieder großen Anklang. Die Konfitüre vor dem Einfüllen etwas abkühlen lassen, dann verteilen sich die Früchte besser.

ZUTATEN

1,5 kg Erdbeeren
Saft von 1/2 Zitrone
1,5 kg Einmachzucker

ERGIBT 5 GLÄSER À 450 G

1

Die Erdbeeren putzen.

2

Erdbeeren mit Zitronensaft in einen Topf geben. Einige Beeren zerdrücken. Das Obst ca. 20 Minuten köcheln lassen, bis es weich ist.

3

Zucker hinzufügen und bei mäßiger Temperatur auflösen. Dann die Masse sprudelnd kochen, bis sie geliert.

4

Ruhen lassen, bis sich die Erdbeeren gut verteilt haben. In sterilisierte Gläser füllen. Die Konfitüre mit einem runden Stück Wachspapier abdecken. Ein Stück Zellophan über das Glas spannen und mit Küchengarn fest verknoten. Kühl und dunkel lagern. Ungeöffnet hält sich die Konfitüre bis zu einem Jahr. Nach dem Öffnen im Kühlschrank aufbewahren und innerhalb einer Woche verbrauchen.

Zitrusfruchtmarmelade

Selbstgemachte Marmelade aus Zitrusfrüchten ist zwar relativ zeitaufwendig, schmeckt aber sehr viel besser als jedes Industrieprodukt.

ZUTATEN

350 g Orangen
350 g Zitronen
700 g Grapefruit
2,5 l Wasser
2,75 kg Einmachzucker

ERGIBT 6 GLÄSER À 450 G

1

Das Obst gründlich waschen und anschließend mit einem Trockentuch polieren.

2

Das Obst in einen großen Topf geben und etwa 2 Stunden sacht köcheln lassen.

3

Die Früchte vierteln, das Fruchtfleisch herausschälen und wieder in die Kochflüssigkeit geben.

4

Die Schale in dünne Scheiben schneiden und mit dem Zucker in den Topf geben. Bei mäßiger Temperatur erwärmen, bis sich der Zucker aufgelöst hat. Die Masse kochen, bis sie geliert (Löffelprobe). 1 Stunde ruhen lassen, damit die Schalen sich setzen können. Die Marmelade in sterilisierte Gläser füllen und mit einem runden Stück Wachspapier abdecken. Ein Stück Zellophan über das Glas spannen und mit Küchengarn fest verschnüren. Kühl und dunkel lagern.

Piccalilli

Das pikante Relish ist die richtige Beilage zu Würstchen, Speck oder Kochschinken.

ZUTATEN

675 g Blumenkohl
450 g kleine Zwiebeln
350 g grüne Bohnen
1 TL Kurkuma, gemahlen
1 TL Senfpulver
2 TL Speisestärke
600 ml Essig

ERGIBT 3 GLÄSER À 450 G

1
Blumenkohl in kleine Röschen schneiden.

2
Zwiebeln pellen, grüne Bohnen putzen.

3
Kurkuma, Senfpulver und Speisestärke in einen kleinen Topf geben und den Essig angießen. Gut verrühren und 10 Minuten köcheln lassen.

4
Das Gemüse in einen großen Topf geben, die Essigmischung dazuschütten, alles gut vermengen und 45 Minuten köcheln lassen.

5
In sterilisierte Gläser füllen. Das Relish mit einem runden Stück Wachspapier abdecken. Ein Stück Zellophan über das Glas spannen und mit Küchengarn fest verschnüren. Kühl und dunkel lagern. Ungeöffnet hält sich Piccalilli bis zu einem Jahr. Nach dem Öffnen im Kühlschrank aufbewahren und innerhalb einer Woche verbrauchen.

Rosmarin-Öl

Mit diesem würzig duftenden Öl beträufelt man Fleisch oder Gemüse vor dem Grillen.

ZUTATEN

600 ml Olivenöl
5 Zweige frisches Rosmarin

ERGIBT 600 ML

1
Das Öl erwärmen, aber nicht zu heiß werden lassen.

2
Vier Rosmarinzweige hineingeben und vorsichtig erwärmen. Den fünften Zweig in eine saubere Flasche stellen. Das Öl durchseihen, in die Flasche füllen und verschließen. Kühl und dunkel lagern.

Thymian-Essig

Lachs, vor dem Pochieren mit diesem Essig beträufelt, erhält ein interessantes Aroma.

ZUTATEN

600 ml Weißweinessig
5 Zweige frischer Thymian
3 Knoblauchzehen, geschält

ERGIBT 600 ML

1
Den Essig erwärmen.

2
Vier Thymianzweige und Knoblauch hineingeben und vorsichtig erhitzen. Den fünften Thymianzweig in eine saubere Flasche stellen, den Essig durchseihen und in die Flasche füllen. Fest verschließen, erkalten lassen und kühl und dunkel lagern. Der Essig hält sich ungeöffnet bis zu drei Monate.

Register

Danksagung

Tessa Evelegh dankt Lindsay Porter für ihre Hilfe und ihre Ideen bei der Zusammenstellung dieses Buches, der Zeitschrift *Practical Gardening* für die vielfache Unterstützung, Michelle Garrett für ihre wunderbaren Fotos und James und Madeleine für ihre freundschaftliche Ermutigung.

Tessa und der Verlag Lorenz Books danken darüber hinaus Fiona Barnett von *Manic Botanic* für das Ährenherz auf Seite 120, Eileen Simpson von *Hill Farm Herbs* für den Kranz aus getrockneten Kräutern auf Seite 136 und *Somerset House of Iron*, die den Stuhl auf dem Titelbild zur Verfügung stellten.

Herstellerhinweise

Die Originalfarben, die bei den Beispielen dieses Buchs zur Gestaltung von Wänden und Möbelstücken verwendet wurden, sind in Deutschland so gut wie nicht erhältlich.

Wer sich in England versorgen will, sei auf die Spezialfarben von *Brats Mediterranean Palette* (281 King's Road, SW3 5EW London) oder die breite Palette auf den Country-Look abgestimmter wasserlöslicher Lacke des *National Trust* verwiesen. Diese Produkte sind inzwischen aber auch in den Niederlanden zu bekommen.

Die Angaben der deutschen Übersetzung sind dagegen allgemeiner gehalten. Eine ›ländliche‹, vollmatte Farbwirkung erzielt man ganz einfach mit Dispersionsfarbe (Vollton-Abtönfarbe), die wasserlöslich ist und sehr rasch durchtrocknet. Damit läßt sich jeder gewünschte Farbton leicht anmischen. Acryl-Lacke, ebenfalls wasserlöslich erhältlich, trocknen etwas glänzender an; Klarlacke auf dieser Basis sind dagegen gut zur Oberflächenversiegelung geeignet.

Kiefernfarbener Klarlack ist wasserlöslich unter dem Namen ›Dickschichtlasur‹ von *Aqua Finish Dekor* oder als ›Lacklasur‹ von *Clou* zu bekommen. Alternativ kann man auf Bootslack zurückgreifen, wobei man allerdings testen sollte, ob er sich mit der wasserlöslichen Untergrundfarbe verträgt. Oder man färbt Acryl-Klarlack mit brauner Farbe leicht ein, darf dazu aber nur ebenfalls wasserlöslichen Lack verwenden.

Zum Schluß sei noch auf die Palette von *Eberhard Faber* verwiesen, der zahlreiche Spezialfarben wie Krakelier-Lack, Granitfarbe oder Patina-Lack anbietet.